门店人才复制系统

让每一位员工都是效益不是成本

邰昌宝　著

台海出版社

图书在版编目（CIP）数据

门店人才复制系统：让每一位员工都是效益不是成
本 / 邰昌宝著． -- 北京：台海出版社，2020.1

ISBN 978-7-5168-2500-6

Ⅰ．①门… Ⅱ．①邰… Ⅲ．①商店－人才培养 Ⅳ．①F717

中国版本图书馆 CIP 数据核字（2019）第 272956 号

门店人才复制系统

MENDIAN RENCAI FUZHI XITONG

著　　者：邰昌宝			
责任编辑：姚红梅		装帧设计：胡　椒	
版式设计：李　丽		责任印制：蔡　旭	

出版发行：台海出版社

地　　址：北京市东城区景山东街 20 号　　　　邮政编码：100009

电　　话：010-64041652（发行，邮购）

传　　真：010-84045799（总编室）

网　　址：www.taimeng.org.cn/thcbs/default.htm

E-mail：thcbs@126.com

经　　销：全国各地新华书店

印　　刷：北京时捷印刷有限公司

本书如有破损、缺页、装订错误，请与本社联系调换

开　　本：787mm×1092mm　　1/16

字　　数：180 千字　　　　印　　张：12

版　　次：2020 年 1 月第 1 版　　印　　次：2020 年 1 月第 1 次印刷

书　　号：ISBN 978-7-5168-2500-6

定　　价：55.00 元

序 言
缺人才还是缺人才培养系统

前两天有个女学员跟我说："邰老师，你那里有没有合适的人，介绍给我做男朋友？"

我问她："你有什么要求？"

她说："男的就行，活的就行。"

大家说，这样的人好找吗？

不好找。

为什么？

因为有的人虽然活着，其实已经死了。

对于企业用人来说，也是一样的。

有的人上班就是混日子，整天浑浑噩噩，像行尸走肉一样，不思进取，毫无目标，其实跟死人没什么区别。

这样的员工，企业能要吗？

不能要。

未来企业最大的竞争不是品牌的竞争，不是团队的竞争，不是产品的竞争，不是服务的竞争，而是人才的竞争。谁拥有了人才，就在竞争中拥有了主动权。

但是人才培养和管理的确是一个让管理者非常头疼的问题，企业在这方面也有很多痛点。

第一个是缺失之痛，最典型的表现就是招不到人。

第二个是流失之痛，人招到了，也培养出来了，但是留不住，人家跳槽了或者被挖走了。

第三个是迷失之痛。什么意思呢？人招到了，也留住了，但是企业发展了，员工跟不上企业发展的步伐，员工能力匹配不上企业发展的速度。

大家想，企业喜欢从外面挖人，还是更愿意从内部提拔？

内部提拔。

为什么？

除去成本不说，内部员工和企业经过了长期磨合，彼此熟悉了，相比较外来人员，内部晋升的员工对企业感情更深、更忠诚，是不是？

为了培养人才，企业管理者也想了各种办法。今天引进先进的管理办法，明天学习成功的管理经验，制度、措施多得数不胜数，管理者忙得不可开交，还舍得花大钱让员工参加各种培训。

但是很多企业进入了一个怪圈。员工一年四季都在学习。哪里都有课，员工听课听成专业户。有没有这个现象？

上次我培训，一个学员举手。

他说："老师，你讲的销售技巧跟上次老师讲的销售技巧不一样。"

我说："你听了多少个老师的课？"

他说："四五个。"

我说："这四五个老师怎么样？"

他说："讲的都不一样。"

我说："你学完感觉如何？"

他说："差不多快疯了。"

为什么？因为每个老师只要能上台都有两把刷子。到最后，员工不知道听谁的了。

　　所以，企业为员工学习花了很多钱，制定了很多制度，引进了很多方法，结果人才问题还是一个老大难。管理者疲于奔命，抓各种制度措施的落实，却没有实效；员工因为获得不了跟付出相匹配的薪资，或者看不到职场前途，工作没有积极性，得过且过，最终影响了企业的长足发展。

　　还有一种企业，比如肯德基、麦当劳、必胜客、真功夫，他们虽然缺人才，但人才培养速度快，培养成本低。大家发现没有，有的人不咋地，把他派到肯德基或者麦当劳上班了，人家干得还不错。

　　在麦当劳和肯德基，70%的员工是兼职还是专职？

　　兼职。对不对？

　　很难想象，兼职的人到了那里，顾客根本分不清楚他们到底是专职还是兼职。也就是说，再差的人只要被导到肯德基或者麦当劳的人才系统里，这个人就会变得很优秀。

　　所以，说到底是人的问题，还是系统的问题？

　　再举一个例子：很多人都去过杭州。大家观察过没有，杭州的大街上是人让车，还是车让人？

　　车让人。

　　为什么？是制度问题，还是素养问题？

　　制度问题。

　　因为机动车遇行人通过人行横道未停车让行，处100元罚款，并记3分；造成交通事故的处200元罚款，并记3分，所以司机得礼让行人。

　　素养是靠制度培养起来的。

　　缺人才，就像缺钱似的，表面上是缺钱，实际上是缺赚钱的方法。

　　有人曾经说过："人只要经常花钱，烦恼就会减掉80%，情商和智商都会提高，还不爱上火。"

但钱从哪儿来呢，这个没说！他没说如何赚钱，结果搞得我们很多人的智商一直都上不来。是不是？

所以，企业表面上缺的是人才。实际上，缺的是人才培养系统。而这些企业人才成功的秘诀就在于他们善于打造人才培养系统。在管理上变"人"治为"法"治，让制度说了算，人才培养和管理的效率就被大大提升了。

那如何打造成功的人才培养系统呢？

就是要做到一点：人才能够复制。

人才复制必须有标准。

我们发现肯德基的新员工带教手册有76页。大家想想细到什么程度，就是带教一个新人，有76页的方案。比如，一个老人带一个新人，最多半个小时就能教会他捞薯条。告诉他，数七下把薯条倒出来，多一下薯条就煳了，少一下没熟。

细到这个程度，就是一个傻瓜，到他家都会炸薯条。

我们能不能把这个系统导入服装零售板块呢？

当然可以。

传统的人力资源培训手段无法实现人才的快速培育，所以企业成功的关键就是拥有一套高效的人才复制系统，既解决企业内部经验共享和传承的不足，规避人才培养过程中资源的重复投资，更重要的是真正做到人才的批量复制，从而为企业提供源源不断的"人才血液"。接下来我们要讲的就是如何打造成功的人才复制系统，实现让每个员工都是效益，不是成本。

目录
CONTENTS

第五章　门店人才专业能力复制

第六章　门店人才等级认证测评

第一章

门店人才胜任力模型设计

什么是门店人才胜任力

在平时的工作中，大家有没有发现这样的现象：

店长拿着店长级别的工资，但是没做店长的事；督导拿着督导级别的工资，但是没做督导的事；经理拿着经理级别的工资，但是没做经理的事。

上次我们在长沙培训的时候，我问一个督导："你的工作职责是什么？"

结果他说："老板叫我干什么，我就干什么。"

于是，我问他的老板："你们家督导具体要干什么？"

老板说："我也不知道叫他干什么。"

这边督导说"老板叫我干什么，我就干什么"，那边老板说"我也不知道叫他干什么"，这就是我们很多公司的现状。很多时候我们招新人进来，这个人具体负责什么工作，需要做哪些事，谁也不知道。

所以现在我们要做的第一件事是什么？

定岗定编。什么人做什么事，具体怎么做，如何培训，如何考核，具备哪些能力才能胜任这个职位，要有具体的标准。

这就涉及人才胜任力。

胜任力的概念是 1973 年由哈佛大学教授戴维·麦克利兰提出的。具备胜任力的人能够在这个岗位上得心应手地工作，并创造出优秀的绩效。

我们给胜任力做一个定义，就是：针对特定职位表现优异要求组合起来的胜任力结构，是一系列人力资源管理与开发实践（如工作分析、招聘、选拔、培训与开发、绩效管理等）的重要基础。

胜任力就是一种素质，胜任一个岗位的员工要具备什么样的能力和特征。

通俗地说，就是一个人应聘某个岗位，他需要具备什么能力才能够在公司里活下来，什么样的管理层是好管理，什么样的员工是好员工。不同岗位有不同的胜任力。我们要研究：具备什么样的能力，才是合格的导购，具备什么样的能力，才是合格的店长，具备什么样的能力，才是合格的督导。以此类推。

·胜任力只关注与工作绩效关联的因素

胜任力不描述一个人所有的特质，只是界定在工作领域内，也就是说胜任力关注的是跟工作绩效有显著关联的因素，而非与工作无关的其他方面的表现。

比如考核一个导购最重要的标准是她的销售能力，跟她的家庭状况无关，也跟她上学时的学业成绩无关。有的人性格外向，喜欢和别人交流，却是一个糟糕的销售人员。作为一名导购，她就不具备胜任力。所以，擅长某种能力还不够，这种能力必须能在工作中产生一定的效益，它才是这个职位所需要的胜任力。

一般老板会选什么样的人做店长。业绩好的，还是业绩差的？

业绩好的，对吧？

但是有一个问题，业绩好的人，通常人缘不太好。不是说你不想跟人家搞好关系，而是别人不想跟你搞好关系。什么意思呢？

两个人同样是乞丐，一个乞丐每天只能讨到10元钱，隔壁的乞丐每天能讨到100元钱，讨到10元钱的乞丐恨不恨隔壁那个乞丐？

肯定恨啊！这就是嫉妒心。

一个导购每个月的业绩都是第一名，别的导购嫉妒不嫉妒？

嫉妒。

人家不光业绩好，还被公司提拔做店长，其他人爽不爽？

不爽。就排斥她。

那公司会不会因为这名导购被人排斥，人缘不好，就不提拔她？

不会。为什么？

因为她业绩好啊！业绩是导购胜任力的重要标准之一。

·不同的胜任力，匹配不同的薪酬

先问大家一个问题：来三年的导购和来一年的导购，谁更厉害？

不一定。是不是？

来一年的导购比来三年的导购业绩还好。有没有这种现象？

有。来三年的人可能每个月做两三万元业绩，来一年的人或者来半年的人可能每个月做五六万元业绩。

那么我们是给来得久的人加工资，还是给业绩高的人加工资？

业绩高的人。

曾经一个门店的店长来找我，他说："邰老师，我想涨工资。我问过张总很多次，他都不回复我。今天你来了，我问一下，能不能涨？"

我问："你想涨多少？"

他说："最少要涨 30%。"

我说："你这个要求太正常了。如果涨就不要只涨 30%，给你涨 100%。"

他很惊讶："哇，这么爽快啊。"

我说："是的，你的业绩增长 100%，给你加 100%，你的业绩涨 30%，就给你加 30%。"

他听完以后，直接说："那还是不要涨了吧。"

大家说，我说的在不在理？

业绩不涨，老想涨工资，还去找老板谈涨工资。结果呢，很可能被老板骂回来了。

不同的胜任力，匹配不同的薪酬。想涨工资吗？先问自己：业绩涨没涨？能力涨没涨？自己的胜任力是哪个级别？

当然，后勤部门比如财务部、人事部、商品部，工资跟业绩没有多大关系。胜任力和工资也有相应的考量标准。

门店人才职业生涯双通道设计

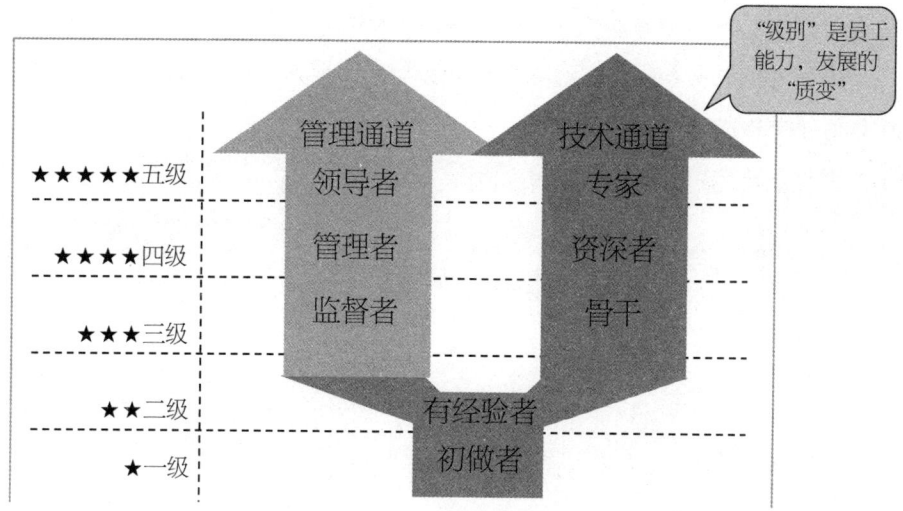

图1-1 门店人才双通道设计

门店人才职业生涯有两条通道，一条是管理通道，一条是技术通道。在上面的图中，左边是管理通道，右边是技术通道。

每个通道都分五个级别，第一个级别是初做者，第二个级别是有经验者。从第三级别就开始分叉了。如果你走管理这条路，再往上走就是监督者、管理者、领导者，最高级别就是公司的副总、CEO等；如果你走技术这条路，再往上走就是骨干、资深者、专家。

大家思考一下，你要走哪个通道？自己现在处在哪个级别？

我现在走的哪个通道？

技术通道，是不是？

其实我这条路是比较难走的。为什么？

因为第一个需要有能力，另外得有公司愿意来培养你。

我相信有很多人讲得比我还好。但是你很难脱颖而出。有没有发现？为什么出不来？因为知名度不高。就像我们讲很多民间歌手，其实他们唱的比有些明星还要好听，但是没有人愿意培养他们。成本太大了，所以他们虽然唱得好，但是成不了明星。

同样，培养一个老师的成本也很大。

专业人才等级划分

·五级模型

第一个级别是初做者，在他人指导下展开工作。这个级别意味着什么都要别人教。比如一个职场新手，刚从学校毕业进到公司做销售，就属于这个级别。他们需要做的是什么？学习。学习胜任这个职位所需要的知识、技能、经验，在他人的指导下完成工作。这种人能不能加工资？不能。

第二个级别叫什么？有经验者。什么事交代给他，他能够自己搞定，不会反复问问题。导购大概做到一年半到两年以上，能够独立工作。店长大概需要两到三年，能够独立工作。这个级别的员工，具有独立完成工作所需的知识和技能，在此基础上知识开始延伸，扩展到相关领域。

再往上走，第三个级别是骨干。这样的人在某个领域很厉害，具有技术专长，能提供专业支持，比如陈列做得很棒或者VIP贡献率很高，但是他们不一定能教别人。

第四个级别的员工不仅自己懂，还能教别人，这就是专家级别。这就更厉害了。这个级别的员工对某专业的理解更深刻、广泛，能为别人提供专业有效的指导。

最后一个级别是什么？权威。他们的知识全面系统，能制定战略，推动专业水平的发展。比如你的业绩不好，他既能诊断业绩不好的原因，还能给出方案，最后帮你把业绩做上来。

从理论上来说，老板最希望用哪种人。

第五种。是不是？

但是我告诉大家，其实对于很多老板来说，员工能做到第二个级别，他就很满意了。

什么意思？交代给你工作，你别再找我，能够自己搞定，这就很好了。这是老板对员工最基本的要求。

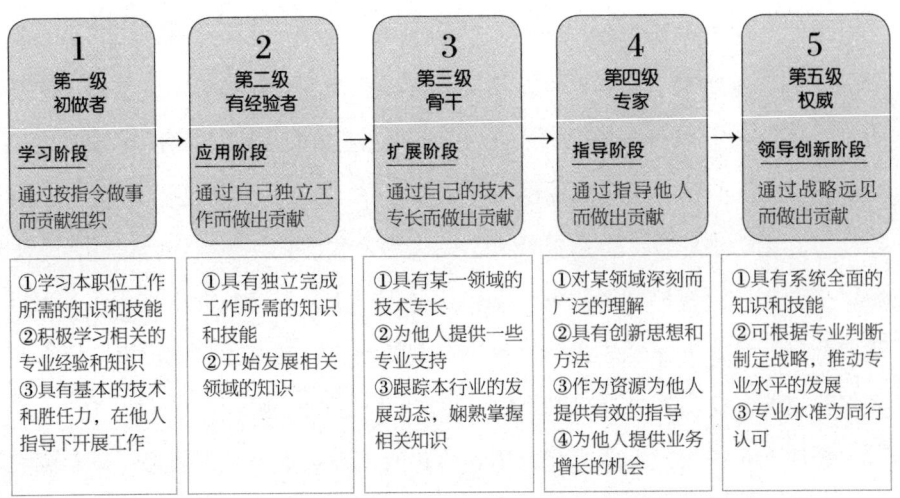

图1-2 门店人才层级划分

·薪酬不对，所有管理都白费

好了，我们现在已经很清晰地知道员工大概是哪个级别，并根据级别确定薪资水平，比如一级导购1800元，二级导购2200元，三级导购2500元，四级导购2800元，五级导购3000元。

能不能这么定？

能。不同级别的员工，可以明码标价。所以不用你来找我涨工资，我会根据你的级别定工资。

前段时间一个老板跟我说："邰老师，听你的课是好，但是离职率还是有点儿高。"

我问他啥意思。

他说："他们学会了就走人。"

我跟他说："学会了就走，你要看是什么会法儿。人家把业绩增长了，比如从 30 万元做到 60 万元，但是工资没涨，如果他走了，这个就比较正常。"

很多人说："哎，为什么翅膀硬了就走？为什么？"

从第 1 个级别做到第 2 个级别之后，他的内心是希望涨点儿工资，是不是？但是当他能力上来的时候，老板没有把相应的薪酬匹配上去。你培养他，他的能力涨了，原来需要教的现在不用教了，甚至他还能反过来教别人，给公司创造的效益高了，但是工资不涨，他会选择干吗？走人。搞到最后，你就帮别人培养人才。

我记得在微信群里，有个学员就问我这个问题，他说："老师，为什么我把员工培养好了，他们都走了。"

我说："要是你的能力涨了，工资不涨，你怎么做？"

他说："我也会走啊。"

所以，所有的老板都记住了，老板要的是人才，员工要的是钱财。员工拿到的钱财匹配不上自己作为人才的付出，他就会走人。也就是说，薪酬不对，所有管理都白费。

门店人才胜任力模型设计四个维度

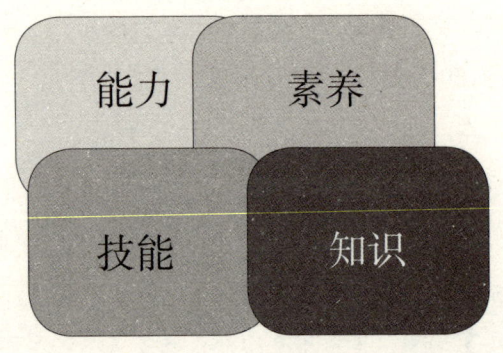

图1-3 门店人才胜任力模型

胜任力模型设计分为四个板块，也叫四个维度。

第一个模块是素养。什么是素养？习近平总书记在演讲的时候，讲过一句话，叫："国无德不兴，人无德不立。"德是什么？品德。作为公司员工，要有底线：第一不违反公司的规章制度，第二不违反国家的法律法规。这是两条底线。素养还包括什么？儒家思想提倡"仁、义、礼、智、信、恕、忠、孝、悌"，什么意思？对国家要忠诚，对长辈要恭敬孝顺，对朋友要宽厚，做事要有诚信，懂得礼义廉耻。所以，不忠、不孝、不仁、不义的人就别要了。

第二个模块是知识。孙子说过："知彼知己，百战不殆。"简单说，就是打仗的时候，既了解自己，又了解敌人，那么这仗怎么打都不会输。所以，需要了解自己公司的知识，包括企业文化、品牌文化、产品知识等；了解竞争对手，了解他们的产品特点、优势、劣势，知识模块还包括相关的行业知识和法律知识，等等。

　　第三个模块是技能。这个主要是指员工要掌握公司的各种流程，比如员工招聘、入职、离职流程、门店销售服务流程、陈列流程、报销流程、物料申请流程等。

　　每个岗位都有需要掌握的流程。但实际工作中，一定会按流程来走吗？

　　不一定。比如我们讲突发事件管理流程，顾客就不一定按你的流程走，因为她上门投诉的时候，可能把媒体记者和工商局的人也一起带来了。这个时候就体现出第四个模块的重要性。什么模块？

　　能力模块。这是重点，比如门店不同职位所需要的各种能力：连带销售能力、陈列布局调整能力、服装搭配能力、门店 VIP 管理能力、情绪控制能力、销售管理能力等。

　　下面我们简单介绍导购、店长、督导和经理四个职位的胜任力模型。大家会发现，这四个职位的胜任力模型包含的内容有些类似，但是又有一些差异。每个职位的胜任力模型下，我们会挑一些重点进行说明。

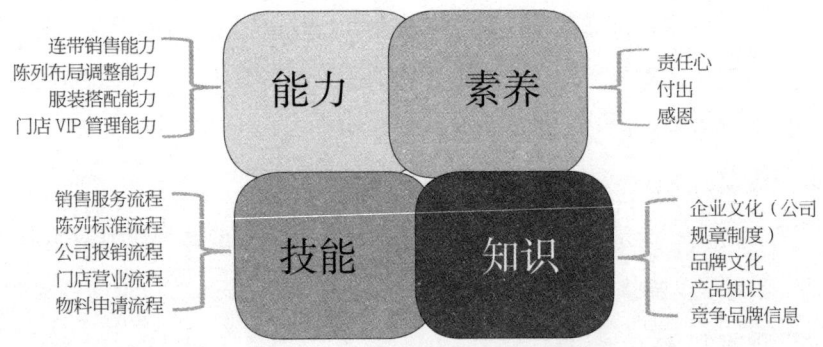

专业导购胜任力模型设计

连带销售能力
陈列布局调整能力
服装搭配能力
门店 VIP 管理能力

能力　　**素养**

责任心
付出
感恩

销售服务流程
陈列标准流程
公司报销流程
门店营业流程
物料申请流程

技能　　**知识**

企业文化（公司
规章制度）
品牌文化
产品知识
竞争品牌信息

图 1-4 专业导购胜任力模型

·素养

导购的素养至少包含这几个方面：责任心、感恩和付出。

大家思考，为什么没有把心胸和格局放在里面呢？

因为一个导购的格局是大，还是小？

小。

你会发现越计较的员工，业绩就越好。所以不同级别的员工，要求是不一样的。

·能力

※ 陈列布局调整能力

陈列有三个标准，一个是摆整齐；第二个是摆好看；第三个是摆好卖。

你是哪个级别？如果只是摆整齐，那你就是初级导购；能够做到摆好看的，是中级导购；每次陈列完，业绩就上去了，你就是最高级别的导购。

※ 连带销售能力 + 服装搭配能力

作为一个导购，如果没有连带销售能力，这个导购怎么样？不咋地。你是哪个级别？给导购定级，怎么定？连带率是几，就是什么级别的导购。

接下来是服装搭配能力。听过连带率课的学员都知道，一个上衣搭 3 个下装，一个上衣搭 6 个下装，一个上衣搭 N 个下装。

今天一个人过来面试导购，要求什么水平的工资，说自己干多少年了，为什么还给我初级导购的工资？干得久，不代表能力涨上来了，是不是？另外，有能力不代表有价值。什么意思？就是你讲的我都懂，我也会，但是我就不干。就是说能力是上去了，但是素养没上去。这个也是很可怕的。

表 1-1　导购连带率

行业	初级导购连带率	中级导购连带率	高级导购连带率
男装 / 女装	2.0 以下	2.0 至 3.5	3.5 以上
童装 / 内衣	3.0 以下	3.0 至 4.5	4.5 以上
箱包 / 鞋帽	1.2 以下	1.2 至 2.0	2.0 以上

一个导购，目前到底是哪个级别？就看你的连带率是几。连带率在 1.8 左右，就不要说你是资深导购。因为我们以什么为导向？以数据结果为导向。你一个月卖掉多少，让你的连带率说话。你符合哪个指标，就是哪个级别的导购。

但是我们讲过，连带率里面含不含配件？

不算。只算大件和主销产品。

如果因为公司政策导致连带率提高，算不算？

不算。连带率只能根据平时怎么卖来衡量。

※ 门店 VIP 管理能力

VIP 需要维护吗？当然。

就像每年的 5 月 20 号，你老公会维护你跟他的关系吗？很多女性说没有。

这么大的 VIP，他居然不管理？你可是办了 VIP 证了。婚姻中什么是 VIP 证？结婚证嘛。结婚证拿到手，老公就再也不注重维护感情了。有没这个现象：结婚以后，你玩你的，我玩我的，结果"520"老公连份礼物都不准备。这样做对不对？

不对。

很多公司也是，大量召集 VIP，等顾客成了公司 VIP，就再也不管 VIP 了。

VIP 是公司的重要客户，需要重点维护。谁来维护？导购。

同样地，VIP 贡献率是哪个级别，你就是哪个级别的导购。

我们有快时尚品牌，也有中高端品牌。VIP 贡献率一样吗？不一样。

表 1-2 VIP 贡献率

品牌	初级 VIP 贡献率	中级 VIP 贡献率	高级 VIP 贡献率
高端品牌	60% 以下	60%~80%	80% 以上
中低端品牌	15% 以下	15%~35%	35% 以上

专业店长胜任力模型设计

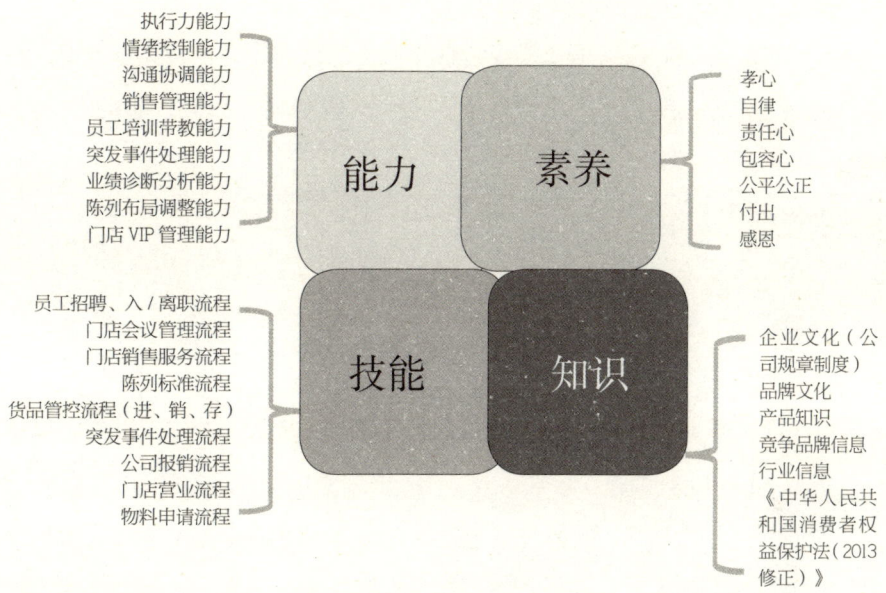

执行力能力
情绪控制能力
沟通协调能力
销售管理能力
员工培训带教能力
突发事件处理能力
业绩诊断分析能力
陈列布局调整能力
门店 VIP 管理能力

能力

素养

孝心
自律
责任心
包容心
公平公正
付出
感恩

员工招聘、入／离职流程
门店会议管理流程
门店销售服务流程
陈列标准流程
货品管控流程（进、销、存）
突发事件处理流程
公司报销流程
门店营业流程
物料申请流程

技能

知识

企业文化（公司规章制度）
品牌文化
产品知识
竞争品牌信息
行业信息
《中华人民共和国消费者权益保护法（2013修正）》

图 1-5 店长胜任力模型设计

·素养

首先思考一下，为什么把孝心放在店长素养模块的首位呢？我们常说一句话：百善孝为先，无后为大。对不对？无后是什么？

前段时间，我太太教育她弟弟，她弟弟今年 31 岁了，还没有女朋友。我太太就训她弟弟，把人家骂到不行，我问她："你骂他什么？"

她说："我教育他啊，百善孝为先，无后为大。连个女朋友都没有，哪里有后代啊？"

我说："你知道什么叫无后吗？"

她说："无后就是没有后代。"

我说："拉倒吧，无后就是没有尽到后代的本分。"

我太太恍然大悟："妈呀，骂了一天骂错了。"

我们讲，一个人在家里如果经常顶撞父母，在公司肯定会顶撞上司，在学校会顶撞老师。所以一个不懂得尊重父母长辈的人，会尊重他的上司和下属吗？

不会。

· 知识

店长知识模块比导购知识模块多了一项什么？

《中华人民共和国消费者权益保护法简称《中华人民共和国消费者权益保护法》（2013 修正）》。

强调一下，店长不一定要懂《中华人民共和国劳动法（2018 修正）》，但是必须懂《中华人民共和国消费者权益保护法》。只有店长懂《中华人民共和国消费者权益保护法》，才能妥善处理消费者的一些投诉和意见。

· 技能

店长技能模块增加了几个，比如：员工招聘、入 / 离职流程、门店会议管理流程、货品管控流程（进、销、存）、突发事件处理流程等。我们重点说一下。

※ 员工招聘、入 / 离职流程

为什么店长要懂这个流程？

问一个问题，你们门店的人是怎么招的？谁的下属谁招聘，还是公司人事部负责招聘？

再问一个问题：自由恋爱好，还是包办婚姻好？

如果你的婚姻是父母包办，哪天夫妻俩吵架，你回到娘家。你会怎么说？

"当时非要插手我的婚姻，看你们给我找的老公，现在天天跟我吵架。"

你父母会怎么说？

"哎呀，女儿，对不起，都是我们害了你。"

如果你是自由恋爱，吵架回娘家。你妈问你为什么回来，你说吵架了。你妈会怎么说？"活该。谁让你当初找他。"是不是这么回事？

我记得最早我们人事部给门店招人，店长怎么说？

"你们招的人不合适。"

于是继续招，到最后还是没招到店长想用的这个人。

后来改了，公司规定：谁的员工谁招。人事部筛选简历，打电话通知对方到门店面试，面试官是谁？

店长。

万一招不到怎么办？

自己顶班。这叫自由恋爱。店长招的人再不合格，怪谁？怪自己。招人招不到怪谁？也怪自己。所以，这是最好的招聘方式，也是最快的。

上次长沙一个老板跟我说："邰老师，我们招人都招半年了，也没招到。"

我问他："你们家怎么招？"

他说："我让店员来招，招了半年一个都没招到。你帮我们想一想，问题出在哪里？"

我说："什么岗位？"

他说："店长。"

我说："店员怎么可能会招到一个店长来管自己？谁来面试，他都会看不顺眼。"

他问我："那怎么办？"

我说："把这个店员提到店长，让他再招店员，很快就解决了，如果你再让这个店员继续招店长，这辈子都不可能招得到。"

所以下次招不到人，怎么办？自己顶班。这是最简单的方法，反正权限给了你，自己看着办。

※ 会议流程

现在很多公司每天的早会都是废的。什么意思？

每天早上开会就是喊口号，有没有？今天做多少？2000！3000！4000！

有没有信心？有！然后就是："加油！加油！加油！"

这玩意儿管用吗？

不管用。

督导胜任力模型设计

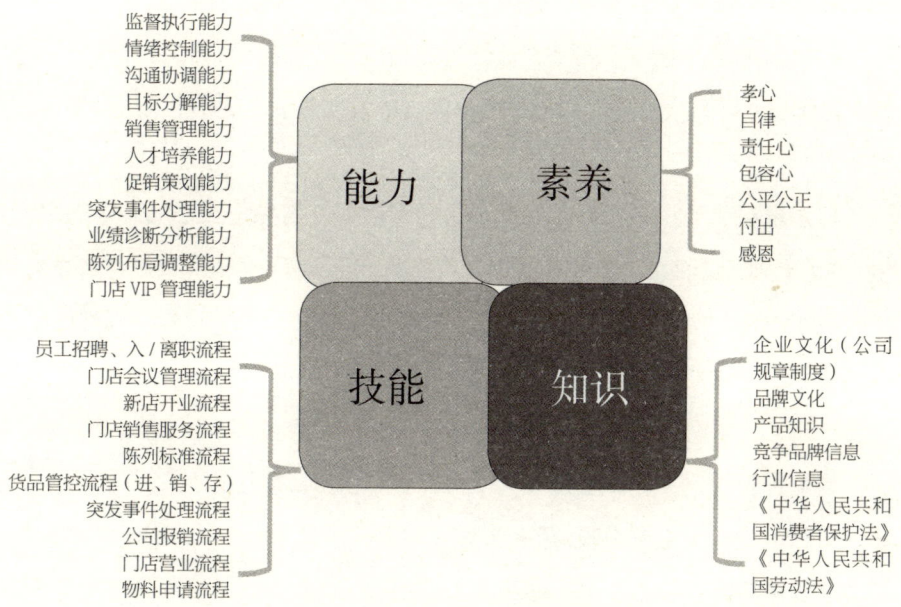

监督执行能力
情绪控制能力
沟通协调能力
目标分解能力
销售管理能力
人才培养能力
促销策划能力
突发事件处理能力
业绩诊断分析能力
陈列布局调整能力
门店 VIP 管理能力

能力

素养

孝心
自律
责任心
包容心
公平公正
付出
感恩

员工招聘、入/离职流程
门店会议管理流程
新店开业流程
门店销售服务流程
陈列标准流程
货品管控流程（进、销、存）
突发事件处理流程
公司报销流程
门店营业流程
物料申请流程

技能

知识

企业文化（公司
规章制度）
品牌文化
产品知识
竞争品牌信息
行业信息
《中华人民共和
国消费者保护法》
《中华人民共和
国劳动法》

图 1-6 督导胜任力模型设计

· **知识**

我们发现督导的知识模块增加了一个新东西？

《中华人民共和国劳动法》。

店长可以不懂《中华人民共和国劳动法》，但是督导必须懂。因为投诉到店长那里，店长搞不定，会交给督导，督导必须把这个事压下去。如果压不下去，投诉可能会被捅到老板和经理那里去了。所以督导必须要懂《中华人民共和国劳动法》。

· 技能

※ 新店开张流程

技能板块增加了什么？新店开张流程。

新店开张督导要不要去？要去。要驻店。

正常情况下，督导应该是去监督还是去辅导？我告诉你，督导都不用监督。为什么？因为人家早就知道你要来了，早做准备了。督导要做的是辅导。对不对？

但是现在我们很多督导都是摆设。前段时间，石家庄一个品牌经理跟我说："邰老师，我们家这个督导既不发现问题，也不解决问题，我该怎么办？"

我跟他说："那你要这个督导干吗？辞了他。作为一个管理层不发现问题，不解决问题，你养他干啥？"

他说："也对啊！"

大家发现没有，巡店时督导问导购最多的一句话是什么？

"最近为什么生意不好？"

店长或者店员基本上怎么回答？

"因为没人。"

接着他们问督导："没人我们应该怎么办呢？"

有些督导心里会说："我也不知道怎么办。"

督导这个岗位下店一定要给人家干吗？解决问题。从理论上来说，巡店应该有巡店记录表。这次你下店时解决了哪些问题，ABCD 罗列出来，然后叫店长确认签名确认。以后公司高管来了，才知道督导做了什么事。

※ 陈列标准流程

陈列是有陈列标准的，但是有一个现象：督导把陈列调完了，等他走了，店长又干吗？把陈列调回来。有没有？

这是大部分公司都有的现象。督导噼里啪啦调一遍，人刚走，人家噼里啪啦又调回来。这样的事情太多了。以后不能这么干。

就像之前我家雇了一个保姆。那天我出差回来，一进门发现保姆坐在沙发上看电视。她看到我说："先生回来了。"

我说："是的。我老婆呢？"

她说："正在炒菜。"

我到厨房问我老婆："你为什么在炒菜？"

她说："保姆说，我炒得特别好吃。"

我说："你炒多久了？

她说："大概半个月左右了。"

我出差半个月，她炒菜炒了半个月，因为保姆天天夸她炒得好吃。

角色调转了，有没有？我们现在很多老板像经理，经理像督导，督导像店长，店长像导购，导购像老板。导购整天在谈，"这个不好卖，这个促销不好。隔壁在打折，我们家为什么不打折呢？"

这些东西是导购该讨论的吗？

不是。应该老板讨论的问题，导购天天讨论，这就本末倒置了。

以后督导下店不要给人家调陈列。陈列不符合标准，让店长和店员自己调，督导再加以点评就 OK 了。你只需要告诉他们，这个地方应该怎么调，那个地方应该怎么调，等你走了人家绝对不会调回来。因为是谁调的？

门店人员自己调的。

经理胜任力模型设计

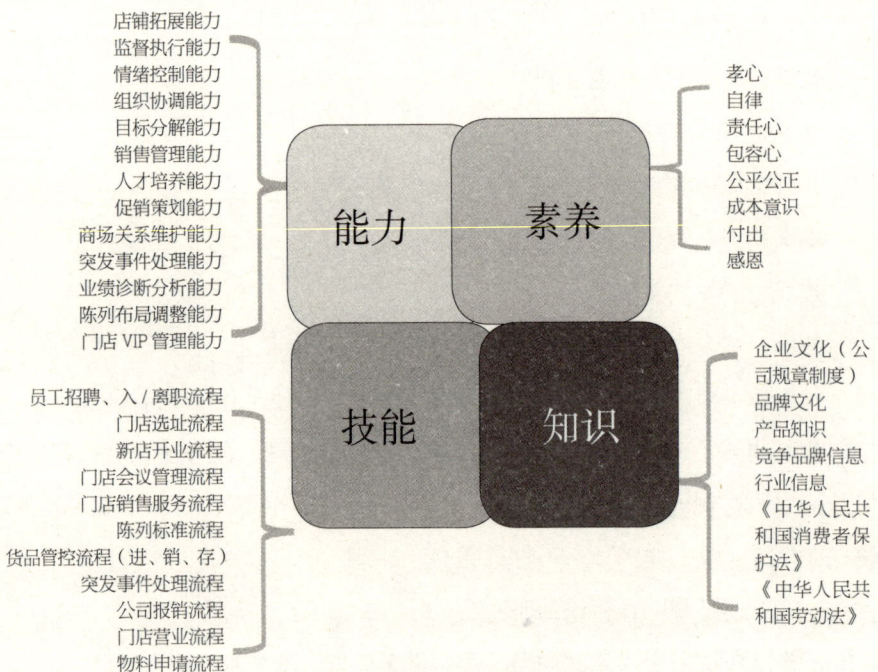

店铺拓展能力
监督执行能力
情绪控制能力
组织协调能力
目标分解能力
销售管理能力
人才培养能力
促销策划能力
商场关系维护能力
突发事件处理能力
业绩诊断分析能力
陈列布局调整能力
门店 VIP 管理能力

孝心
自律
责任心
包容心
公平公正
成本意识
付出
感恩

能力　　**素养**

技能　　**知识**

员工招聘、入 / 离职流程
门店选址流程
新店开业流程
门店会议管理流程
门店销售服务流程
陈列标准流程
货品管控流程（进、销、存）
突发事件处理流程
公司报销流程
门店营业流程
物料申请流程

企业文化（公司规章制度）
品牌文化
产品知识
竞争品牌信息
行业信息
《中华人民共和国消费者保护法》
《中华人民共和国劳动法》

图 1-7 经理胜任力模型设计

　　现在我们来讲经理胜任力模型。实际工作中，经理要管理不少门店。我们先讲单店管理，再讲区域管理。

　　首先问大家一个问题：这些门店，有没有 VIP 做得最厉害的员工？肯定有。是不是？

　　有没有连带做得最厉害的员工？有。

　　有没有陈列做得最好的员工？也有。

　　有没有做盘点盘得最好的员工？有，是吧？

我们最小的门店至少有 2 个人，或者 4 到 5 个，包括店长。

比如说这个店有 ABCD：A 做 VIP 管理做得好；B 做连带做得好；C 做陈列做得棒；D 做盘点或者是仓库管理做得好。

·单店

※ 轮班制

在一个单店，小王的 VIP 管理能力很好，我们让小王来教大家如何做 VIP 管理。行不行？

行。但是有一个问题：如果你一直让小王做 VIP 管理，你就可能被小王绑架。什么意思？

因为你太依赖小王来做 VIP 了，所以给他一种感觉，没有他，你就不行了。也就是说，单店店长容易被绑架，就这么简单。

这是一个正常现象。所以很多公司犯了一个错误，有陈列小帮手、VIP 小帮手、连带小帮手。结果哪天小帮手一辞职，好不容易培养了一年的人怎么样？走了，这是店长最头疼的事情。

理论上，一个单店不允许这么干。应该怎么做？轮流管理。小王负责 VIP 管理一周，再换其他人负责 VIP，小王改为负责连带，就是小王、小张、小李、小杨轮流当班，VIP、连带、陈列、盘点每周都有人负责，但是不会让某个人固定负责某一项。

实行轮班制的好处之一：**不会被任何人绑架**。将来不管谁走了，对整个店的影响都不大。还有一个好处，**让店员互相牵制**。如果这次我做 VIP 管理，你不配合我，下次我也不配合你。大家要明白，让店员自己人管自己人，店长才轻松。还有一点要注意：轮班的时候以周轮流，不要以月轮流。因为月轮的话，周期太长。店长要这么干，你们家的人才很快就出来了。

※ 不要做到不可替代

今日你在这个岗位，老板为什么不把你炒掉，两个原因。

第一，你不可替代；第二，你比较便宜。你现在工资 3000 元钱，换另外一个人工资要 6000 元，所以请别人成本太高啊。你可以问自己一下：究竟是自己不可替代，还是比较便宜？

如果你做到不可替代，这是最危险的。为什么？

上次在云南门店，我们要升一个督导，有两个人选：一个来了三年的店长和一个来了五年的店长。最后我们提了三年的店长，没提五年的店长。

这个五年的店长非常生气，就来找到我们算账。她说："你们不公平，那个店长才来了三年，为什么提她，不提我？"

我说："麻烦讲一下提拔你的原因。"

她说："我在这个店非常厉害，这么多年来，我的表现都是数一数二。"

我说："你的意思是不是说，你不可替代？"

她说："那当然。"

我说："既然你不可替代，我怎么提拔你？"

如果我把你升上来，你这个店就下去了。而我们把那个三年的店长提拔上来，她的店完全不受影响。她是可以替代的，她下面的每一个店员都能替代她的位置。所以我敢提她上来。你不可替代，就好好在这个位置待着吧。道理就这么简单。

所以，不要做到不可替代。你要做到：下面任何一个人都随时可以替代你，这样你升职的机会就大。

· 区域

我们讲一个经理可能管 6 家店，也可能管十几家店，是吧。这个时候他的管理方法就跟单店的管理不一样。比如说你管一个区，这个区有 10 家店。这 10 家店肯定有一个人做 VIP 做得最好。那么，未来每次做 VIP 培训管理，我们就让这个人来给大家分享。行不行？

行。免费还是有偿？

大家记住一点：免费没有好东西。免费就是最贵。所以不要免费的分享。

比如小王负责 VIP 培训，我们可以规定：小王每次做完分享，都让大家评分，决定小王的分享是好、中、差哪个级别，根据评分级别的不同，小王可以获得不同级别的奖金。

表 1-3　分享奖金级别

级别	奖金
好	500
中	300
差	100

这么做，小王愿意不愿意？

愿意。看在钱的分上，他也会愿意。这个时候，还要公开告诉所有人，只要谁能够讲 VIP，就有奖金。只要 VIP 做得好，只要 VIP 贡献率高，就能上来分享。数据不好看的人，肯定上不来。

连带做得好，就讲连带，盘点做得好，就讲盘点。这叫"取之于民，用之于民"。古语讲"众生问题，用众生智慧来解决"。公司的成本就大大降低了。也可以请我们专业的老师来讲，但是成本就大了。

哪个店铺的员工盘点做得最好，就让她来讲一次盘点，同时处罚盘点最差的店去给人家免费盘点一次。人家盘点做得最好，可以有偿分享，你们家盘点最差，就要免费给讲课的店做一次盘点。

因为每个月最痛苦的是什么日子？盘点日。所以店长很乐意让盘点最差的店来给自己盘点。这就叫"有奖有罚"。

陈列也是一样，陈列做得最好的店，给人家讲一次陈列，陈列做得不好的店去别的店里免费给人家搞一次陈列。这么做，你们家的系统就慢慢建立起来了。

人才不是某个公司的，而是社会的。今天人才在这个公司，明天可以跳槽到别的公司。你把小王培养到位，有一天小王会不会离职？

会。所以，人才是流动的，不可能永远在你们公司。但是只要拥有人才复制系统，就能实现人才的快速复制。某一天小王走了，公司还有小李、小张、小杨。永远都有最好的人才。

所以，我们不要依赖某个人，要依赖系统。

作业：每个人都要给自己做一个"自画像"。什么意思呢？

根据胜任力模型的四个维度：素养、知识、技能和能力，写出属于你本职岗位的自画像。你是什么岗位，就写什么岗位，写出这个岗位应该具备哪些胜任力。

写完以后拿给你的上司来审核。

为什么上司来审核？因为未来是上司用你这个人。

让上司判断哪些胜任力你已经具备了，哪些胜任力还没有达标，需要继续增强，哪些胜任力需要具备却被你忽略了，然后根据上司的意见进行优化，直到确定适合你所在职位的胜任力模型。

我们展示了导购、店长、督导和经理四个职位的胜任力模型，没有讲到的岗位，大家按照这个思路自己去落地，设计出每个职位的胜任力模型。

第二章

门店人才职业素养复制

有人发现上司能力不足，甚至还不如自己。有没有这种情况？

有，但是不敢说。对吧？

问题是，能力不行，老板为什么还用他呢？

因为老板用人，首先用的是这个人的德。用这个人心里踏实；用这个人，不管老板去哪里，都放心把事情交给他。

有的人虽然能力很好，德不行。拈轻怕重，遇到事情推卸责任，就没办法被老板重用。

为什么老板提拔他，不提拔你，因为你的德行还不到位。

所以，修德很重要。素养很重要。

素养跟什么有关？

环境。一个女孩子，从小父母离异，跟母亲长大。如果母亲一直跟她说"世界上的男人没有一个好东西"，女孩长大后还会相信男人吗？

不会。她会认为：这个世界上没有好男人。

同样，一个新员工刚进公司，每个人都跟她说："你怎么来这家公司，你太倒霉了。"说的人多了，听得久了，她会认为这家公司好不好？

不好。所以负能量的人，一定要辞掉，不要留在公司。

孝心

现在很多孩子会背诵《三字经》，里面有几句是这样说的："香九龄，能温席。孝于亲，所当执。"什么意思呢？

就是说黄香九岁的时候，就懂得孝敬父母。冬天的时候，用自己的身体为父亲温暖被窝，这是每一个子女都应该做的事情。

黄香是东汉人，夏天的时候，他用扇子为父母扇风；冬天的时候，他用身体为父母温暖被窝。后来，黄香的孝行流传下来，他也成为孝子的典范。

父母给了我们生命，把我们养大，孝顺父母是为人最基本的美德。一个对父母不恭敬、不孝敬的人，公司能不能要？

不能要。

怎么判断这个人有没有孝心呢？面试的时候，就可以看出来。

怎么做？问问题。

第一，问他多久给父母打一次电话。

每天都打电话和每个月才打一次电话的人，谁更有孝心？

现在很多人外出工作，不能守在父母身边。一个有孝心的人，即便不能总回家，也会抽时间给父母打电话，哪怕只是说几句话。但是有些人有时间玩游戏，有时间逛街，有时间刷剧，就是不给父母打个电话。还找借口说自己忙。一个连父母都不放在心上的人，会把公司放在心上吗？

很难。

第二，问他平时赚了钱会不会打给父母。

如果他说，我爸妈虽然说不要，但是我还是每个月都给。这个人怎么样？

有孝心。

如果他说，不用，我一人吃饱全家不饿。偶尔还要爸妈给我点儿零花钱。

这样的人招进来，哪天公司一有事，他准拍屁股走人。

敬业

·打卡与敬业的关系

有没有发现一种现象：

同样是 9 点钟上班，60 后、70 后的员工 8∶30 就到公司了；

80 后的员工 8∶45 左右到公司；

90 后这帮家伙都是上气不接下气地跑到公司，手忙脚乱地一打卡，正好 9 点钟！一分不多，一分不少，对不对？

同样下午 6 点钟下班，60 后、70 后的员工大多 6 点半到 7 点才回家；

90 后怎么样？哎呀，还有一分钟下班，于是开始关电脑、收拾包、装东西，走到打卡机那里，正好 6 点钟。一分不多，一分不少，下班了。

但是你能说 60 后、70 后的员工敬业，90 后的员工不敬业吗？

不一定。

为什么？

因为敬业不能用时间来衡量，要用效率衡量。

前段时间一个老板跟我说："邰老师，我发现这些 90 后都没有忠诚度。"

我说："为什么这么说？"

他说："你看，现在刚刚 6 点，90 后就一个人都不见了。"

我说："你喜欢谁？"

他说："我喜欢 70 后，都下班了还不走，主动加班加点。"

我说："加班的员工不一定是好员工。"

他不明白，问我为什么。

我说："人家上班八小时能够把事情干完，这帮老家伙，为什么还走不了？"

他说："嗯，你说的好像也对！"

于是第二天开早会，我就问那帮 90 后的孩子："你们说一下，为什么每天到点就走人？是不是工作量太小了？"

然后又问 70 后的员工："你们是不是工作效率太低了？人家下班能走，为什么你走不了？"

结果搞得大家很郁闷，问："邰老师，到底加班好，还是不加班好啊？加班说我们效率低，不加班说我们工作量小。"

加班不加班不是最重要的，重要的是上班时间是不是有效时间。

·敬业的标准不是时间，是效率

实际上，衡量敬业的标准是什么？

效率。

比如，我们每个月宣传都需要方案，作为企划部你是不是能准时给？我要找陈列方案，你是不是每次在我需要之前，已经把方案准备好？

每个月发工资，财务部是否在发工资的那天能够发给老板审核？

老板要的是什么？最终的效率，而不是无谓的加班。敬业与否不能以时间来衡量，要用效率来衡量。

还有一个公司，他们家设计师负责打版。老板跟我说："邰老师，最近设计部要求增加半个小时的午休时间。"

因为他们中午只有一个小时休息时间，吃午饭差不多用掉四十五分钟，员工感觉很紧张，所以要求中午一个半小时休息。

我说："可以。只要他们这个月打版数量超过上个月，就可以中午休息一个半小时。"

　　过了一段时间，那个老板很兴奋地跟我说："邰老师，我同意延长了设计部的午休时间。这帮员工还真厉害，休息的时间长了，反而打版多了。这样效果更好。"

　　于是，皆大欢喜，员工也爽，老板也爽。

　　打版有两个要求，一个是数量，一个是质量。只要两个都能保证，你们就可以休息一个半小时。现在设计部的午休时间长了，他们要拿什么兑换？

　　效率。拿效率兑换时间。

　　你可以延长休息时间，但是效率和质量必须怎么样？跟上来。

　　就像导购，现在每个月休息四天，你也可以每个月休息八天，但是你要保证：休息八天比现在休息四天的业绩还要高。

　　只要你敢保证，我就可以把休息时间批给你。

责任心

·尽职尽责，有担当

什么是有责任心?

就是员工在本职工作中尽职尽责，主动发挥自己的主动性和创造性，自觉承担本岗位的职责和义务。

老板在公司，你尽职尽责，老板不在公司，你依然尽职尽责。尤其是老板不在的时候，更能看出来一个人的责任心，是不是?

没有老板的监督了，还能一如既往，承担责任，认真工作，这样的员工才是真正让人放心的员工，更容易得到老板的赏识和信任，更可能得到重用。

反之，老板在的时候，就装装样子，一看老板不在，做什么都敷衍塞责、应付了事，这类员工永远不会得到器重。

责任心的另外一个重要体现是什么?

勇于承担责任。有的人平时看不出来，一旦工作上出了问题，不是忙着了解情况、反省自己，而是忙着责怪别人、找替罪羊，这就是缺乏责任心的表现。

比如督导巡店，问店长："你们店里的卫生怎么这么差?"

有的店长会说："我每天早会都叮嘱她们搞卫生，没想到还是弄成这个样子?"

什么意思?

指令我下达了，是下面的人没有执行好，怪不得我。总之，一切都是别人的错。

要知道，更高的职位意味着更大的责任，管理者要学会成为一个责任承担者，以"一切都是我的错"来严格要求自己，这样才更有可能把工作做好，并赢得下属的信赖。

· 责任心和老板心态

责任心和老板心态一样吗？

不一样。

有一次培训做小组活动时，一个学员在归纳店长胜任力素养模块时，提到"老板心态"。

员工有老板心态，这是所有老板梦寐以求的。但是除了老板，其他岗位的人不可能拥有老板心态。　是不是？

大家想，有孩子才有母爱，还是有母爱才有孩子？

我们是先有孩子，才有母爱。做了母亲，自然有为人母的心态。人都是这样，不当父母，根本体谅不到为人父母的艰辛。有人说，我没当母亲，我也喜欢小孩子啊！你对小孩子的喜欢是爱，就像你对小猫小狗的爱一样，但是那不是母爱。

前段时间去重庆一家公司培训，发现了一个很奇怪的现象。员工之间碰面，都互叫"老板"，见到一个前台，也叫"老板"。

我说："你家全公司合伙吗？"

工作人员说："不是。我们家推出'老板文化'。"

我问他："前台多少钱一个月。"

他说："3000 元。"

我说："有挣 3000 元的老板吗？"

后来，我建议那家公司老板，实行一个制度，员工做了多少年，升到什么岗位，就可以变成合伙人。那才叫"老板文化"。而不是见到谁，都叫老板。

老板心态不是被人叫一声"老板"就能有的。有一天你确确实实当了老板，自然会有老板心态。 你不当老板，永远不会有老板心态。这就叫"不在其位，不谋其职"。

公平公正

这个世界上有绝对的公平吗？

没有。公平是相对的。除了一样东西，什么？

时间。

只有时间是绝对公平的。每个人都是二十四小时。不会因为你富有，就给你二十八个小时，也不因为他贫穷，只给他两个小时。

但是作为管理者，对待下属还是要尽量做到公平公正。

下属最讨厌的领导之一，就是那种厚此薄彼的领导。是不是？

其实很多时候，员工是积极还是懒惰，是管理方式决定的。比如在我们很多店里，表面上看店员的工资是老板给的，实际上是谁给的？

店长。为什么这么说？

因为员工工资的多少是店长定的。

店长跟老板说，这个导购表现好，业务能力强，可以涨点儿工资，一般打个申请报告，老板就批了。是不是？

老板既然把门店交给店长，对店长就是信任的，对店长的意见一般都会采纳。于是，就有一些店员不专心搞好业务，不踏踏实实做事，一心只想着怎么跟店长搞好关系。

这种管理者没有公平公正的意识，喜欢拉帮结派，搞小团队，会严重影响大团队的和谐与凝聚力，导致员工之间关系紧张，这种人不适合做领导。

对于管理者来说，公正公平的态度是非常重要的。不看关系，主要以工作为主。工作表现好的员工升职加薪，表现不好的员工帮助鼓励。不能因为私人关系好就滥用职权，因为不喜欢就给对方穿小鞋，甚至想办法打击报复或者把别人扫地出门。只有秉公办事，才能让下属信服。

包容

世界上有两片完全一样的叶子吗？

没有。

世界上有两个完全一样的人吗？

也没有。人跟人的差异是客观存在的。

所谓包容，本质上就是能够容忍、接纳人与人之间的差异。在实际工作中，把不同性格、不同爱好、不同特长的人聚在一起，为了共同的目标努力并取得好的业绩，靠的是什么？

管理者的包容和气度。

包容，要能容人之错。是人就会犯错，是不是？下属犯了错，不要一味训斥，每个人都难免犯错。要了解具体情况，帮助下属反思问题，提高能力，解决问题。

包容，要能容人之异。异是什么？差异，不同。管理者要鼓励和支持下属提出不同的意见和建议，这样才能集思广益，让团队更快、更好地发展。

包容，要能容人之强。俗话说："山外有山，人外有人。"管理者要容得下比自己强的人，勇于采纳他们提出的宝贵意见，不能因为嫉贤妒能就打击禁止。

包容，要能容人之弱，对比自己差的人有仁爱之心。

作为管理者，一定要有一颗包容之心。关注下属的利益，关注团队和公司的利益，这样才能赢得下属的尊敬，凝聚起更大的力量，为企业创造价值。

成本意识

一个店的利润是怎么计算出来的？

利润＝营业额－成本。是不是？营业额一定的情况下，成本越低，利润越高。所以说，成本是决定门店盈利水平的重要因素之一。

关注成本的管理者，连用手提袋这样的事情也会过问。有必要吗？

表面看上去没必要，因为一个手提袋的成本很低。

但是100个手提袋、1000个手提袋、10000个手提袋，成本就高了。是不是？

每个门店，一个月用了多少个手提袋，预算多少，发出多少，损耗多少，必须有统计数据，不能只听员工讲一下就完了。

这就是成本意识。

说到成本管理的重用性，给大家举个例子。先看几组数据：

1992年美国航空业亏损30亿美元；

2001年上半年美洲航空公司亏损18亿美元；

2002年美国联合航空公司申请破产保护。

在同行经营状况持续恶化的情况下，美国西南航空公司所有飞机正常运营，财务持续盈利，现金周转良好，成为当时美国航空业"愁云惨淡中的奇葩"。

美国西南航空公司取得如此骄人的业绩，靠的是什么？

成本管理策略。

这个航空公司的目标客户是小公司业务员和个人旅行者，主业是短途客运，每次航班的平均飞行时间是一个小时左右，所以公司所有飞机都是波音

737。

为什么全用这个机型？

省油。

公司强调低成本、低价竞争，把飞往40座城市的航线平均单程票价定到了58美元，既为顾客提供了基本的服务，还降低了成本，赢得了利润。

所以，管理者一定要有成本意识，一定要"斤斤计较"，利润不全是靠省出来的，但是降低成本、减少浪费是提高利润的重要保证。

付出

进入一家好企业，遇到一个欣赏和器重你的老板，接下来就需要努力和付出了。前段时间遇到甘肃张掖的一个店长，他跟我说："邰老师，公司派我来听课，回去督导老刁难我，怎么办？"

我说："不受人嫉是庸才。没有人嫉妒你，说明你什么都不是。"

他说："可是督导各种挤对我，每天上班都是煎熬，很痛苦。我跟老板提辞职了。"

我说："你老板什么态度？"

他说："我老板挽留我。他刚刚派我来学习，肯定不想让我走。"

我说："那你就不能走，更要努力。"

他听了我的话，每天勤勤恳恳，努力工作，业绩做得比以前还好，老板更喜欢他了。

现在人家已经当上督导了。

想要工作做得好，一定得努力，得付出。付出一定有回报吗？

不一定。但不付出肯定没有回报。努力不一定有结果，但是不努力肯定没结果。进到对的企业，遇到对的老板，你要做的就是勤于努力，勇于付出。

正确的方向 + 辛勤的付出 = 丰硕的回报。

第三章

门店人才文化知识复制

公司组织旅游，员工是希望老板一起去，还是不要一起去？

最好不要去。是吧？

员工可以跟老板一起工作，但是不愿意跟老板一起出去玩。为什么？

因为感觉不自在。

前年去云南西双版纳旅游，我问公司的人："你们自己去，还是我跟你们一起去？"

他们支支吾吾："去，也行，不去，也可以。"

我说："说实话。"

他们说："最好不要去，你平时也太累了。"

我说："拉倒吧，你们就是不想让我去。"

所以我们几个合伙人没去，然后让蔡总跟着去了。我跟蔡总交代："每人每天100元的补助，不够自己补。"

过了几天，他们旅游回来了。我问蔡总："西双版纳好玩不好玩？"

他说："不知道，我在房间里打游戏，打了三天。"

我说："为什么不出去呢？"

他说："哪个老鼠愿意跟猫玩？"

店长跟店长玩，督导跟督导玩，导购跟导购玩。谁愿意跟他玩？

所以，以后老板们都聪明一点。公司旅游不用去，把钱给够了就可以。

企业文化

·企业文化实现员工梦想

企业文化是企业的灵魂，企业文化的核心是企业的价值观。企业文化是不是高、大、上不是最重要的，关键企业文化能不能解决员工痛点。

什么是痛点？

痛点就是要逃避的东西，追求想要的。员工有什么痛点？

简单说，就是不想漂泊，不想到处打工。这就是员工的痛点。如果来到一家企业干够十年，能够买车买房，他们愿不愿意？

愿意。

企业文化要能被员工理解、相信，能融入员工的思想、行为中，让员工想的和说的一样，说的和做的一样。优秀的企业文化能够打开员工的心门，唤醒员工的梦想，员工就会自愿、自觉地为公司奋斗。为什么？

因为为公司奋斗，就是为自己奋斗。

给大家讲一个案例：

云南有一家公司，导购每个月3600元的工资，老板每个月从导购工资中扣100元。一年下来扣1200元，年底老板再追加1200元，寄给导购的父母。这是导购职位。

店长大概每个月扣200元，督导每个月扣300元。公司规定，每个人每个月都要扣钱，到年底攒够多少，老板追加多少，一起打给员工的父母。这样每个月扣钱，年底还要加钱，老板是赚了还是亏了？

表面上看，老板亏钱，实际上是赚了，因为这样做既留住了员工的人，更留住了员工的心。

这就是企业文化的重要意义。

这个老板是很有智慧的。以后谁想离职，都会被爸妈骂："这么好的公司，每年都寄钱给我，你去哪儿能找到这么好的老板？你要是不干了，就别再回来了。"

所以，企业文化是老板想给？还是员工想要？

应该是员工想要，老板想给的。

老板想给，员工不想要；员工想要，老板不想给，这个文化等于是废的。

· 企业文化，不要只挂在墙上

很多公司的企业文化就是墙报。什么意思？

总在喊口号，但是没有落到实处，所以无法深入人心。

在一次培训会的小组活动中，我要求学员说出本公司的企业文化。

> A公司：倡导家文化，将所有同事视同家人。
>
> B公司：做精致女人。

那么问题来了。

> 当我询问A公司员工：你团队同事的生日是几月几号时，她说不知道。
>
> 当我询问B公司员工：你今天穿的是不是你们品牌的衣服时，她说不是。

如果我们真的把自己的同事当作家人，会不知道家人的生日吗？

如果我们自己都不穿自己品牌的衣服，又怎么让顾客相信我们的品牌可以"美得优雅"？还有一次培训会上，现场来了200名学员，但是穿着自家品牌衣服的只有5位。

当企业文化变成口号，员工会把公司当成自己的家吗？

不会。

所以感情是相互的。企业文化没有落到实处，企业和员工就不是一条心。企业文化就没法传承，文化就变味了。

落实企业文化难吗？

不难。

如果你的企业文化是"家文化"，就要好好待你的员工，你的员工才会好好待你的顾客，你的顾客才会好好回馈你的企业。

记住：老板满足员工的需求，员工才会满足老板的要求。

品牌文化

·品牌文化实现顾客梦想

有梦想，就有痛点。实现顾客的梦想，也是解决他们的痛点。

说到"怕上火"，我们就想到王老吉；

说到"好空调"，我们会想到"格力造"；

想省电，我们会想到"美的"。因为美的新节能空调的宣传语是"一晚一度电"。

为什么中国人去日本买马桶呢？

马桶哪里都可以买到，但是静音冲水马桶只有日本可以买到。日本马桶能做到冲水的时候，一点声音都没有。中国目前没有一款马桶可以做到静音冲水。

所以品牌文化要解决谁的痛点？

顾客的痛点。

公司卖的是什么，真的是产品吗？

不是。我们卖的是文化。

奔驰主要卖什么？舒适性。

宝马主要卖什么？操控性。

LV 卖的什么？奢侈生活。

但是现在很多公司的品牌文化变成没文化。这是很可怕的。

·没法记住，就没法传承

在小组讨论会上，我曾经请学员说出本公司的品牌文化。

> C公司：用最时尚最积极的态度，让中国的孩子和父母成
> 为潮童、潮爸、潮妈。

这样的品牌文化容易记住吗？

不容易。

为什么？

太长了。

相反，有些公司的品牌文化让人过目不忘。

提到"今年过年不收礼"，我们会想到"收礼只收脑白金"。

打了这么多年的广告，反反复复就这么几句，简单明了，过耳不忘。这种品牌文化的营销留在消费者心里的印象就会根深蒂固。

有一个女装叫"卓雅"。品牌文化是什么？精致优雅；

还有一个女装叫"素然"，品牌文化是：朴素自然；

再讲一个童装："巴拉巴拉"，品牌文化是：童年，不同样；

提到"江博士"，我们会想到"健康鞋"；

提到"足力健"，我们会想到"老人鞋"。就是这样一款老人鞋，去年搞了三十多个亿的营业额。

说到"男人的衣柜"，你会想到什么品牌？

海澜之家。

说到"男人的世界"，你会想到什么品牌？

金利来。

讲到国酒，你想到什么？

茅台。

还有七彩云南、多彩贵州等。简不简单？

这种文化的提炼比什么东西都重要，要用一句话让消费者记住。**没办法让消费者记住，就没法传承**。这是一个需要老板深思的问题。希望每个公司都能够提炼出真正属于你们家的品牌文化。

形象文化

·卖什么，就要像什么

形象文化包括哪些内容？

一个是公司形象，一个是员工形象，一个是店铺形象。

生活中我们经常说一句话："不要以貌取人。"做到这一点难不难？

难。因为对一个人的第一印象通常都是从穿衣打扮这些外表化的东西开始的。

那么问题来了：你像你们家的人吗？

比如说，你家是快时尚品牌，你时尚吗？

有的导购会跟顾客说："相信我，我就是你的形象顾问。"顾客看一眼导购，心想："拉倒吧，就你这形象还做我的顾问？"

所以，我们卖什么，就要像什么。这方面医院做得比较好，医生护士只要到了医院，就把白大褂套上。白大褂就是医院的一种形象。

你进到医院，两个人在你面前：一个是资深大夫，但是当时没穿白大褂，胳膊上有文身，上身穿着一件白T恤衫，下身穿着破洞牛仔裤，跷着二郎腿，向你招手："过来吧，我给你打针。"

你敢过去吗？

不敢。

还有一个人，刚从医学院毕业，没工作经验，但是穿着整洁的白大褂，得体地坐在那里，你信不信他？

信。因为他穿着白大褂，你就相信他是专业的。

这就是形象文化的重要性。

门店也要做到这样，比如导购手上戴的装饰品不能超过两样，鞋子颜色、鞋面款式和裱花、发型等，都要有一定的要求。

·形象决定价格

我们都知道，五星级酒店和三星级酒店价格不一样。之所以价格不一样，除了酒店提供的服务不一样，还因为什么？

形象不一样。三星级酒店装修只需要高档，不需要豪华。酒店服务设施只要满足客人的一般需求就可以了。五星级酒店呢？

装修豪华、设施齐备、环境优美。酒店服务人员的衣着面料更高级，穿戴更整洁，举手投足更专业。所以形象不一样，价格不一样，形象影响价格。

同样是空乘服务员，一个是空姐，一个是高铁乘务员，一个是大巴乘务员。谁的形象更好？

空姐。

哪个交通工具的价格更贵？

飞机。

所以你们家商品值多少钱，不是顾客说了算，你们的企业形象说了算。有专业的形象，才有更高的价格。

如果顾客看到你，都不想接触你，那就完了。未来门店一定要把形象做好，因为第一感觉会影响你们在消费者心中的地位。

制度文化

·制度需要服从

最简单的，几点钟上班打卡，这就是制度。

公司有制度，员工要服从。长沙的一个老板曾经跟我提到一件事：门店新招到一个导购，这个导购入职后不肯搞卫生。理由是：原来在店里不需要搞卫生。

你既然来到现在这个门店，就必须执行这个门店的制度，如果不执行，你可以干吗？走人。你是有选择权的。选择留下，就要服从店里制度；选择不服从制度，那你就要走人。

现在我们给很多企业规定，招员工的时候，就告诉面试人员，每个月的工资都要拿出固定金额进行业绩 PK。比如导购一个月的底薪 1800 元，其中有 50 元是拿来每个月做 PK 的。入职之前就要明确告诉对方。你同意，就来上班；不愿意，就另谋高就。

店长和督导也是一样，店长每个月拿出 100 元做 PK，督导每个月拿出 200 元做 PK，经理每个月拿出 500 元做 PK。谈完以后，你再进来上班。

老板缺钱吗？

不缺钱。但是只要员工把钱砸进去了，不管投入多少，都想把钱拿回来。这样门店的 PK 制度就慢慢形成了。这样做的好处是，老板一分钱不花，就可以取得比老板出钱更好的业绩比拼效果。

这也是一种制度文化。

· 我们不缺制度，而是缺乏合适的执行人

很多公司不缺制度，但是缺乏执行制度的人。对不对？

古代有东厂、西厂，还有锦衣卫。你们店里呢？只有店长和导购。店长管导购，导购之间互相管，自己人管自己，永远管不好。所以公司应该启动一个反监督机制。谁来反监督呢？

这才是重点。不要让你们家的人来监督。可以用公司的 VIP 客户，比如规定：VIP 帮忙巡一次店，可以得到 100 元的购物券。VIP 干不干？

当然干。但是对于高端品牌的 VIP，这招就不管用了。比如金利来，一件衣服两三千，能消费得起这个价格的人，看不上你赠送的这一两百元购物券。怎么做呢？

交叉巡店。A 公司、B 公司、C 公司，三家公司联合起来，你家巡我家，我家巡他家。或者跨区巡店，A 区巡 B 区，B 区巡 C 区，C 区巡 A 区，这就是反监督机制。

公司有制度，也应该有什么？

监督制度的人。一个门店里，都是一家人，碍于面子，自己人怎么能为难自己人呢？于是导致制度执行不到位，反监督机制可以很好地规避这个问题。

· 不要以卵击石

公司一般有两个部门。哪两个部门？

一个是文的部门，一个是武的部门。什么意思呢？

走销售这条线的员工，都属于武的部门。这帮人是靠什么吃饭？

靠嘴巴吃饭。老板跟一帮天天靠嘴吃饭的人讲道理，你试试看。老板问："为什么最近生意不好？麻烦你们总结一下。"

销售人员会说什么？

"最近天气不好，顾客少；隔壁打折了，咱家没打折；员工流动流失率高，人手不够……"讲到最后，没有一个问题是自己的问题。为什么？

人家嘴皮子磨了十几年，你还跟人家讲理。讲到最后，老板发现这个店不能开了，都是自己的错。

就像我们家每次吵架，我老婆都吵不过我，最后还要向我道歉。有一次她问我："老公，为什么我每次都吵不过你？"

我问她："你老公靠什么吃饭？"

她说："靠嘴巴吃饭。"

我说："你跟一个靠嘴巴吃饭的人讲理，你讲得过吗？"

她说："讲不过。"

所以，对武的部门就不要讲道理了。制定了制度，只管执行下去。比如巡店有什么标准，错一步扣多少钱，照这个制度执行就 OK 了。否则，制度永远执行不下去。

文的部门包括哪些？后勤部、人事部等，这些部门都可以讲理。

未来按这个思路来执行。销售这条线，只有执行，没有任何商量的余地。

行为文化

一般公司都规定：有客人进公司，前台一定要站起来问好。

给客人倒水有什么手势？

顾客进店，导购应该怎么做？

客人下车，你应该帮客人开车门，还是不帮客人开车门？

和老板同行，你是走在老板前面，还是走在老板后面？

这些都是公司行为文化。

前段时间去江苏童装集散地，和一个公司的一行人吃了几次饭。其中一个人每次吃饭都坐上座，我就觉得很奇怪。

有一次老板说："那个位置不能坐。"

他还问："为啥不能坐？"

我问老板："他是什么岗位呀？"

老板说："他是我们销售部经理。"

我心想：这人怎么请进来的。

懂一些社交礼仪的人都知道，上座是留给老板的。跟公司老板吃饭，我一般都会坐侧面。包括平时坐别人的车，我们不要坐副驾驶，特别是私家车。为什么？

因为副驾驶是老板娘的位置。

产品知识

新员工入职门店，快速了解公司和产品，用最短的时间掌握公司核心的东西，要对公司的身家、背景、产品、服务做到倒背如流。俗话说，熟能生巧。有时候，需要死记硬背。

销售人员要了解自己的产品，最好亲自用一下，有了亲身体验，对自家产品的认识更深刻，了解更全面，这样才能对顾客的提问做出更快速、更真诚和更专业的解答，赢得顾客的信任，提高成交的概率。

比如你们门店销售化妆品，一个顾客进店了，导购跟顾客礼貌问好。顾客逛到一款化妆品展台前面，看到包装上写着"果酸"两字，就问这是什么意思，有什么作用。其中一个导购自己都不知道"果酸"代表什么，肯定蒙了，吞吞吐吐半天也说不出个所以然。另外一个导购对产品很熟悉，不论顾客问什么，她都对答如流。哪个导购更容易把产品销售出去？

当然是第二个导购。

销售人员一定要熟悉了解自己的产品。如果对自己产品不了解，顾客问什么，回答都是支支吾吾，自己都没搞明白，又怎么能向顾客介绍明白？如果你推销的产品自己都不懂，顾客能放心使用这种产品吗？

不能。而且对于自己不了解的东西，人往往表现得没有信心，客户就不会信任你，又怎么会买你的东西？

员工需要了解产品的哪些知识呢？简单提示一下，公司对员工产品知识的考核可以根据具体情况自行设计。

（1）公司经营哪些产品？

（2）产品用什么材质和工艺？

（3）主要目标客户是谁？

（4）产品有什么功能，可以满足客户哪些需求，能达到什么效果？

（5）产品的亮点和竞争力体现在什么地方，为什么客户一定要买我们的产品？

（6）对于产品的不足，如何做出合理的解答。

（7）老客户对产品的评价是什么？

竞争对手

掌握竞争对手的情况重要不重要？

非常重要。

要做出好的业绩，除了对自家产品有全面了解外，还要了解竞争对手的情况。

就好比参加拳击比赛，通过几个回合的较量，你摸清了对手的出拳套路，甚至发现了对手的致命弱点。再上场以后，你就知道怎么出拳了。什么时候左右勾拳，什么时候上下勾拳，什么时候闪躲，那你赢的机会大不大？

肯定大。

商场如战场，对竞争对手产品的优缺点有了了解，在说服客户时，就容易抓住销售机会，否则，不但产品销售不出去，还会把顾客推向竞争对手。

如果客户看重品质，你就要知道对手的品质关键点，并告诉客户自己的产品在哪些方面比竞争对手强；如果客户在乎价格，而你不知道竞争对手的价格，就无法确定自己是不是能提供更有吸引力的价格。

自己的产品一定比竞争对手的好吗？

不一定。如果没有人家好，就要反思如何改进，如何超越。

员工需要了解哪些有关竞争对手的知识，以下进行简单罗列，具体可根据自己公司的情况进行调整：

（1）竞争对手的业务模块有哪些，核心产品有哪些，价格几何？

（2）竞争对手销售什么规格、材质的产品？

（3）竞争对手有哪些优势，如何加以借鉴？

（4）竞争对手有什么不足，如何引以为戒，是否是我们的机会？

（5）我们最擅长什么，产品设计，技术开发，渠道布局，客户定位，营销手段，价格杀手？有哪些特色是竞争对手不具有或做不到的东西？

（6）我们最不擅长什么？

（7）针对竞争对手的领头人或决策者、核心团体、重要客户、绩效及激励措施、资源整合、梯队建设等，拿出相应的策略与方法。

行业动态

为什么要了解行业动态？

举两个简单的例子：如果你从事重金属交易，昨天黄金的进货价暴跌一半，你还按原价进货，是不是要吃亏？

扎实的产品知识是基础，但是行业知识的学习也非常重要。有些人的想法非常独特，除了运气之外，更重要的是能够不定时了解行业资讯，知道行业里现在最流行什么，未来有什么发展趋势，并将自己的知识和行业知识进行整合，形成自己的见解。否则，容易后知后觉，被社会甩在后面，甚至因为决策失误造成损失。

有一次跟一个朋友聊天，他老家有很多鸭农。他发现鸭农挣钱有一个规律，今年挣大钱，明年亏大钱，后年再挣大钱，大后年再亏。为什么这样呢？

今年挣了钱，鸭农尝到了甜头，于是明年都扩大养殖规模，导致市场上鸭子和鸭蛋供过于求，价格暴跌。很多人一看亏钱了，后年就不养鸭子了，于是市场上又出现供不应求的现象，又有人挣钱了。人们看到鸭子养殖又能挣钱了，大后年又一窝蜂地养殖鸭子，结果又亏钱了。这就是不关注行业动态惹的祸。

没有想法、没有创意，实际上大多数原因是你了解的信息太少，导致知识面狭窄，跟不上时代的步伐。啃老本知识是远远不够的，需要不断借鉴、整合、消化，才能把握行业的前沿。

营销知识

熟悉自己的产品，也了解对手的产品，就能把顾客搞定吗？

不一定。产品知识是无障碍交流的基础，营销知识是成交的润滑剂。

调动顾客的兴趣和激情，让顾客愿意倾听，延长沟通时间，这就需要导购掌握与顾客沟通的秘诀——营销知识。

比如顾客问："这个多少钱？"

导购说："499 元。"

顾客来一句："太贵了！能便宜点儿吗？"

导购接下来该怎么沟通？

一个不懂营销知识的导购可能会给出以下几种回答——

> "不行。"
> "这价格不贵啦。"
> "这是老板定的价，我也没办法！"
> "这已经是我们打过折的价格了！"

这些回答，能让顾客满意吗？

不能。

如果你直接回答"不行"，你完蛋了。直接的拒绝等于不给顾客一点儿面子，会让顾客对你产生强烈的反感。

就像男孩约女孩："晚上可以一起看电影吗？"

女孩说："不行。"

男孩有面子吗？

没有。不行拉倒，天涯何处无芳草。顾客也是一样的，转头出了你的店，就进了别的店。

第二种回答，顾客嫌贵，你说不贵，你不是跟顾客抬杠吗？

第三种回答，老板定的价，老板比你重要，你爱买不爱？

第四种回答，打过折了，意思是打过折你还嫌贵啊！问题是你打过折，顾客还觉得贵！

当顾客嫌贵，想砍价的时候，懂得营销知识的导购不会直接回答，先绕开价格，用商品吸引顾客，而不是在价格上纠缠！只要东西物有所值，不怕顾客不买！

那应该怎么办？

告诉顾客为什么这么贵。

很多人不会讲商品，直接说："一分价钱一分货！我们这个物超所值！"

这样说行吗？

也不行。太笼统了，要讲全面，从质量、材料、功能、款式、售后服务等各个方面解释你们家产品的"物超所值"。这样，顾客是不是更能接受？

具体营销知识的考查，每个公司都有培训，根据公司的具体情况自行落实。

《中华人民共和国消费者权益保护法》

为了维护消费者的合法权益，国家颁布了《中华人民共和国消费者权益保护法》。门店相关管理者需要学习吗？

当然需要。不懂《中华人民共和国消费者权益保护法》，或者恶意欺诈消费者，结果是什么？

被罚得很惨，或者吊销营业执照，甚至承担刑事责任。

前几年我一个朋友在4S店花20万元买了一辆车，当天付款、当天提车。

车开了五十多天的时候，发生了剐蹭。朋友把车开到修理店修理，修车师傅告诉他，这车补过漆。他找到4S店，4S店不承认。他要退车，4S店拒绝，最后没办法向法院提起诉讼。

等待法院审理期间，又发生了一件事。按合同约定，新车售出六个月内可以享受免费首保，当时他提车不到五个月，就把车送到一家4S店进行免费首保。结果4S店的人告诉他，这车已经超出了免费首保期。因为维修合同显示，车主不是我朋友，而是另外一个人，销售日期比他买车的时间早了四个月。

他朋友辗转找到了先他购买这辆车的人。那人告诉他，这车自己的确购买过，因为也发现了车被喷过漆，还有一些小毛病，所以把车退了。也就是说，这辆所谓的新车，经过了两次买卖，而且本身存在质量问题。

结果法院怎么判？

法院认定：4S店构成销售欺诈，三倍赔偿原告。不但把购车款20万元退还我朋友，还按购车款的三倍赔偿了60万元。

为什么多赔了60万元？

因为《中华人民共和国消费者权益保护法》第 55 条规定，经营者提供商品或者服务有欺诈行为的，应当按照消费者的要求增加赔偿其受到的损失，增加赔偿的金额为消费者购买商品的价款或者接受服务的费用的三倍；增加赔偿的金额不足 500 元的，为 500 元。

第四章

门店人才标准流程复制

流程重要吗？

当然重要。当员工不懂流程的时候，根本什么都做不了。动不动就问："督导，那个货怎么调啊？""报销怎么做？""开会需要注意什么？"问到最后，你会觉得这个人太烦了。不是人家烦，因为公司根本就没有流程，这会阻碍后面的工作。所以公司一定要把各个流程梳理出来。

流程的重要性还体现在，必须找一个标准。我们经常会发现：一个企业有两个声音，老板说了也算，老板娘说了也算。那么问题来了，到底应该听谁的？

就像我们家，儿子曾经问过我："爸爸，到底听你的，还是听妈妈的？"

我告诉他："有事就问你妈。"

我很少管孩子，但是会立规矩。有一段时间，每天放学我儿子都不肯回家，一定要玩一会儿再回家。我问他："为什么每次放学都不回来？"

他说："一回来，妈妈都叫我做作业。"

我说："那这样规定一下，以后回到家先玩半小时，然后做作业，可以吗？"

现在每天放学他就回家。回家可以干吗？

玩半个小时。

规矩重不重要？

重要。

所以，我们要制定标准，制定流程。一旦标准和流程定了，以后就遵照执行，这样才有序而高效。

下面我们挑几个流程重点梳理。如果做项目，我会把全部流程做完。但是因为每个公司的流程不一样，架构不一样，所以标准也不一样。在实际工作中，需要我们根据公司的具体情况进行梳理和设计。

招聘流程

·人事部门做"人事儿"

人事部门发布招聘信息、筛选简历、电话面试合格后，通知应聘者进入第二轮复试。

注意：谁进行复试？

用人部门。

人事部门通知用人部门：我通知一个人明天早上 10 点钟到你店里复试。

我们前面讲过，谁用人，谁面试。人事部门只负责牵线搭桥。

甚至直接把招聘网站账户和密码告诉店长，让店长筛选简历、打电话通知、自己面试。

用人部门招不到怎么办？

只能怪自己，自己顶班。这样的话，就避免人事部门做大量无用的工作，提高了招聘效率。另外，当新人不合格，也不会出现人事部门和用人部门互相推卸责任的扯皮现象。

·招聘新功能

讲一个广州某品牌的案例。他们家做女装，现在全国 1000 多家门店。有一次，我发现一个有趣的现象，就是他们家一年四季都在招聘。

我问老板："你们家为什么一年四季都在招人？"

他说："邰老师，我们表面上是在招人，实际上是在做 VIP。"

我说："怎么讲？"

他说："我们家现在客户档案上有300万个女性。公司每次搞活动，就给这些人发短信。"

醉翁之意不在酒啊。这老板多聪明。过来面试的都是女性，填的资料、电话号码百分之百有效。一搞促销活动，就给这些女性发短信。就像老板说的，300万女性，只要有1万人能买他家东西就OK了。

我问他："你这样子搞，不太好吧？"他怎么说？

"凡是来我们家面试的，都有咖啡、奶茶伺候。不录用她，也会告知理由。"我想了想，人家说得也对。

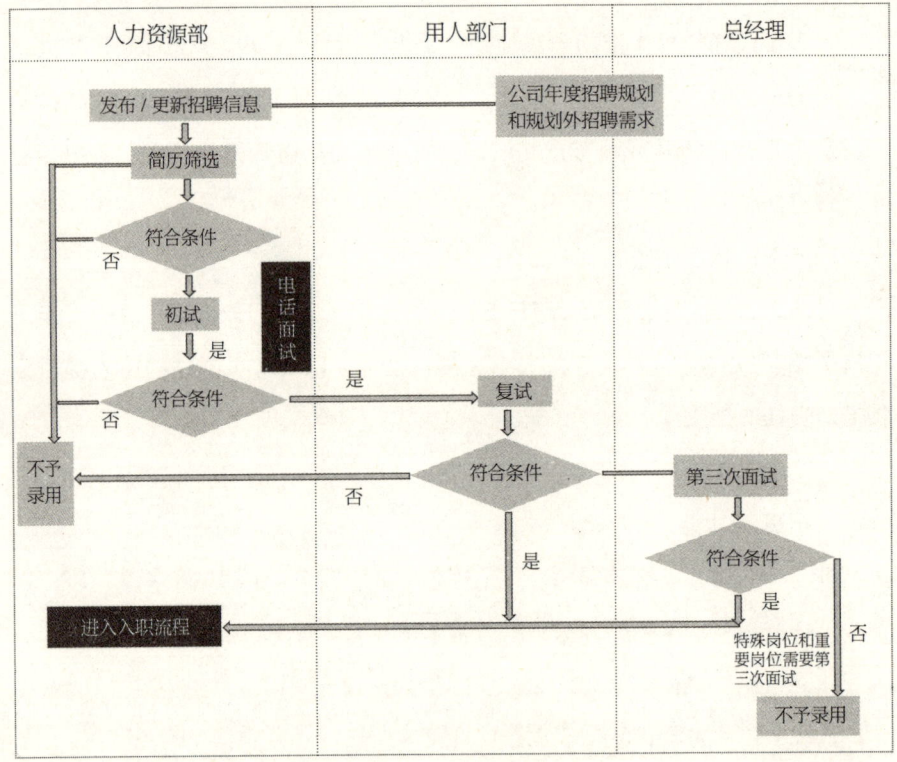

图4-1　招聘流程

入职流程

入职流程中，很重要的一项是入职体检。体检重要吗？

当然。入职为什么要做体检呢？

通过体检结果，确认员工是不是适合这个岗位，是不是有传染病，防止因为个人身体原因传染给其他人或者影响工作。

比如说员工本来身体不好，但是没做体检就入职了，工作期间，隔三岔五地请假去医院，领导批还是不批？

不批，不人道；批呢，所谓"一个萝卜一个坑"，员工老请假，所在的岗位就没人负责，影响企业的正常运转。

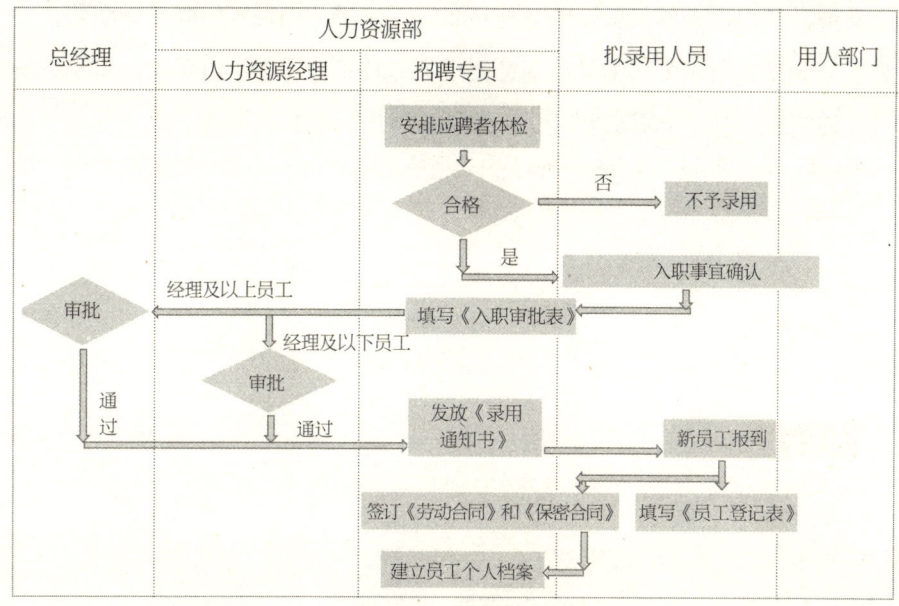

图4-2 入职流程

转正/晋升流程

有人觉得，既然试用期合格，用人部门没有异议，就可以自动转正。何必还搞个转正流程，有必要吗？

很有必要。

转正流程，有针对转正后的薪资调整、岗位说明、职位变动等书面说明，尤其是转正面谈，是激励员工努力工作的好机会；同时，转正手续和流程可以预防风险。

打个比方，一个员工没有走转正流程，未来在工作中发生工作失误，谁来承担用人失误的责任？用人部门可能说："当时就觉得这个员工工作能力有问题，我们用人部门就没同意他转正"，人事部门说："既然有问题，为什么当时不提出来"，结果出现扯皮现象。转正流程中，有手续，有相关责任人的签字，万一未来发生纠纷，也有根据划分责任。

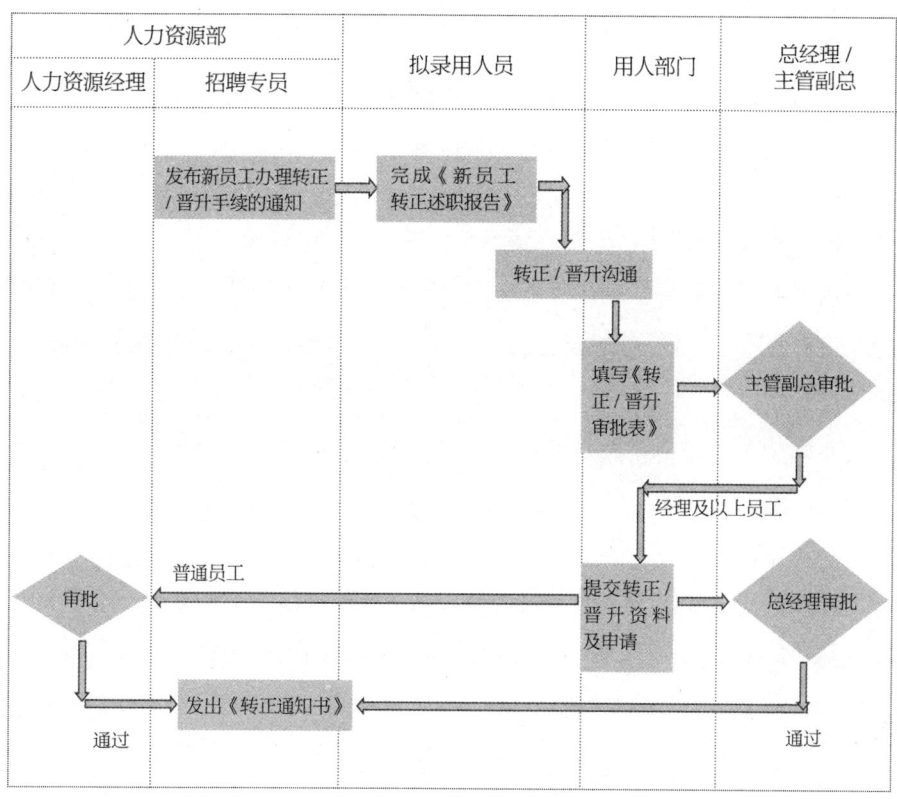

图 4-3 转正 / 晋升流程

离职流程

离职也需要流程吗?

当然。很多公司只是口头离职,跟直属领导打个招呼就完事了,没有白纸黑字的流程。如果不牵扯其他问题倒还好,一旦出了问题,尤其是财务问题,就乱套了。

上次佛山一家公司的老板跟我说了一个事。公司一个销售离职了,工资也发了,奖金也发了,后来发现他还欠公司 1 万多元钱没还。

这个事谁负责?

财务部说离职部门负责,离职部门说人事部门负责。人事部门说,不关我的事,财务部必须负责,搞到最后互相扯皮,老板自己扛了。

为什么?

公司缺乏固定的离职流程,不知道该怪谁。

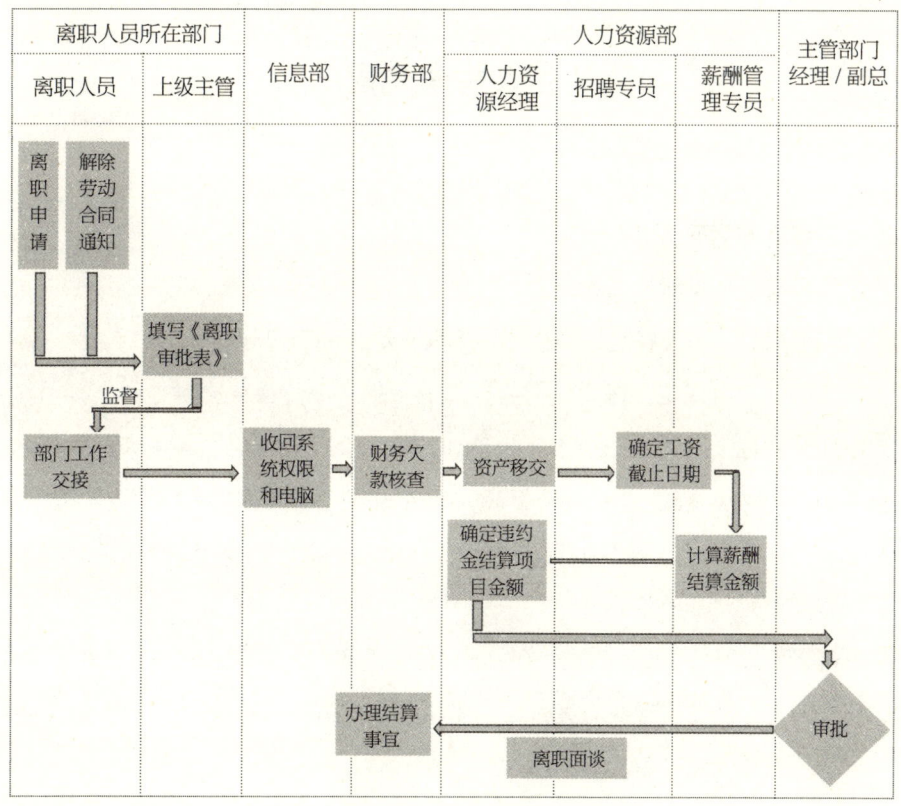

图4-4 离职流程

会议管理流程

·带着方案来开会

现在很多会议都是无效会议。什么意思?

流于形式。每天就是做做样子,表表决心,喊喊口号。

我们家门店规定,每周一例会,周五会把下周的会议内容告诉大家。在云南地区,每个月开会都要求店长参加。比如会前在群里通知大家:店长这个月28号开会,现在店铺出现了ABCD四个问题,麻烦你们带解决方案过来。不带解决方案的,不用过来开会。

有人说:"那就不去了呗!"

可以不去开会,但是不去开会的,一次性罚200元。自己看着办。也就是说,必须来开会,还要带解决方案过来。基本上每个区域都是按这个流程来。

为什么让大家带解决方案过来?

因为有时候员工的解决方案比老板的方案还有效。现在很多会议都是一言堂。特别是老板一言堂,这样不好。

·拒绝无效会议

好多老板开会的时候经常用一句"官方语言"开场,说什么呢?

"接下来我讲两句。"

具体讲多久,就没人知道了。说不定一讲两个小时就过去了。

万达开会有一条规定:每个人讲话是有时间限制的。时间到了你就停,然后下一个人开始讲。所以我现在回答问题,基本上是一分钟解决一个问题。

任何问题一分钟都能解决，解决不了的，你讲再多都是废话。

就像我们平时打电话，一般三分钟以内说的话，都是有效的；超过三分钟，基本都是废话。所以，开会要注意有效性。

· 会后的跟进和监督

工作中有没有这样的情况：会议决策是一回事，会后落实是另外一回事。会议参加了，但是开完就完了，没有下文，这会导致会议的效果大打折扣。开会讨论了什么问题，有什么解决方案，如何执行落实，效果怎么样，没人管，也没人问。

会后跟进不实主要表现在以下三个方面：

1. 会议纪要发放不及时。讨论的问题，只有参会人知道，其他人一无所知。

2. 落实不到位。会上给了解决方案，但是不执行，或者执行不力。

3. 督促不及时。方案执行了，但是效果如何，没有后续跟进。

所以，以后巡店时督导都要问店员，公司这次开会有 ABCD 四个问题，你把内容给我讲一遍。如果店员讲的不对，说明什么？

说明店长没有传达会议内容，更没有落实。有的人会想，我懂得多，你懂得少，我才是管理层。这种心理是要不得的。针对会议上的问题和处理方案，会后应该及时跟进。这样，问题才会越来越少，会议才不会流于形式。

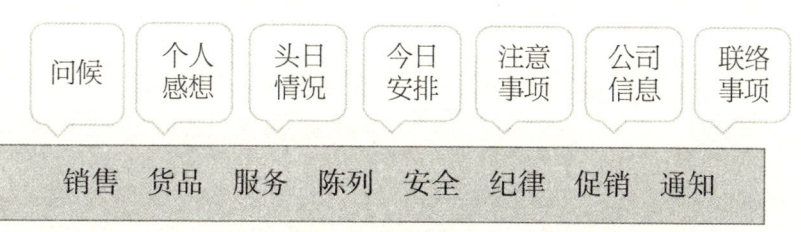

图4-5　会议流程

门店销售服务流程再造

门店都有销售"八步曲"，从顾客进店到离店每一步做什么、问什么，都有要求，细节上还有一些注意事项。比如第一步"亲切迎宾"。有顾客进店，导购首先进行亲切问候，表示欢迎。关键是，欢迎语该怎么说？

"你好，欢迎光临。"

"你好，欢迎光临某某专卖店。"

哪个更好？

第二个说法。强调这是某某品牌专卖店，强化顾客的品牌印象。迎宾的时候要放下手中的工作，否则会给客人敷衍了事的感觉，同时面带微笑，语气平和。

之后，该怎么做？

有人说："走过去，问顾客需不需要帮忙。"

还有人说："马上过去给顾客介绍我们的品牌。"

也有人说："客人不喜欢被跟着，我先让顾客自己看，等她问我再过去。"

这样做对吗？

正确的方法是：导购不要因为顾客进店停下手里的工作，该干吗还干吗，同时用余光观察客人，找准机会上前。

比如顾客长时间看一个产品，或者走着走着突然停下脚步，或者用手触摸感受产品，或者走过去了又走回来看，当顾客有这些举动之后，导购就可以上前了。

但是上前说的第一句话是什么呢？

"先生，需要帮忙吗？"

"小姐，想看哪个？"

这些说法都不提倡，顾客出于自我保护，可能还会拒绝，说"我随便看看！"

这个时候的关键是要引起顾客更大的兴趣。导购可以说："先生，您好，这款是我们店里最受欢迎的一款产品。"

这属于新款开场。

比较常用的开场还包括促销开场、赞美开场、热销开场、唯一性开场、功能卖点开场等。语句简短，把卖点、功能、价值等一下子提炼表达出来，在第一时间引起客人的关注。

所以，销售服务流程看起来简单，做好不容易。这里就不详细说了，公司根据自身产品业务情况再做详细培训规划。

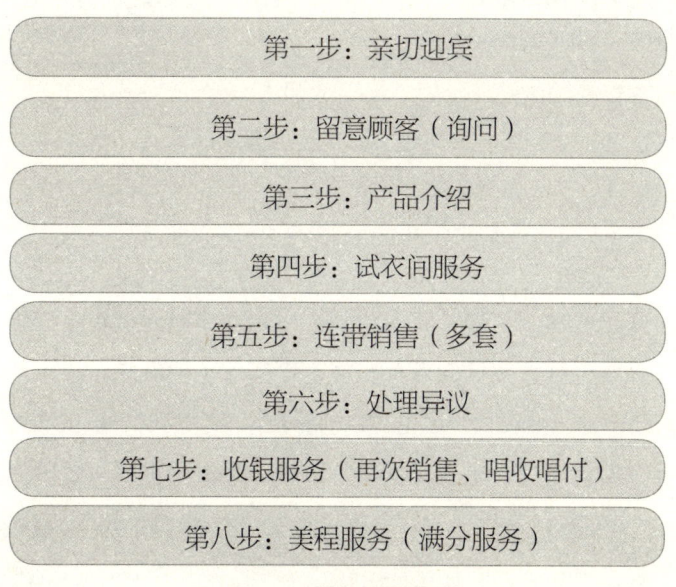

图 4-6　服务流程再造

陈列标准流程

每个公司都有陈列标准。但是有标准不代表能做好。调整陈列前需要考虑什么？

了解现阶段的销售情况，分析店铺和客人的定位，检查店铺通路布局，清楚畅销款和滞销款、现阶段主卖的色彩、天气情况等。前期要做很多功课。比如为什么要了解天气？

有一次我去杭州做培训。当时杭州冷得不得了，但是模特还穿着短袖。我就跟店长说："你们家陈列好像有问题。"

店长说："挺好的啊！"

我说："你现在穿什么？"

他说："我穿外套。"

我说："模特呢？"

他不说话了。

模特跟自己穿得要一样。你怎么穿，模特就怎么穿。很多时候，店长没有陈列能力。

陈列流程里面还隐含着一些跟陈列细节相关的流程。比如端午节到了，商场给了门店一个橱窗位做橱窗展。店长需要走申请流程，让陈列部做陈列出样，店长先申请，谁审批，谁出样，模板出来给到店长，这些流程都要有。否则，每次都要打电话："陈列部吗？现在商场做橱窗展，麻烦你给我出下陈列。"陈列模板按时给到还好，如果出现延后耽误了橱窗展，谁承担责任，就会出现扯皮的现象。

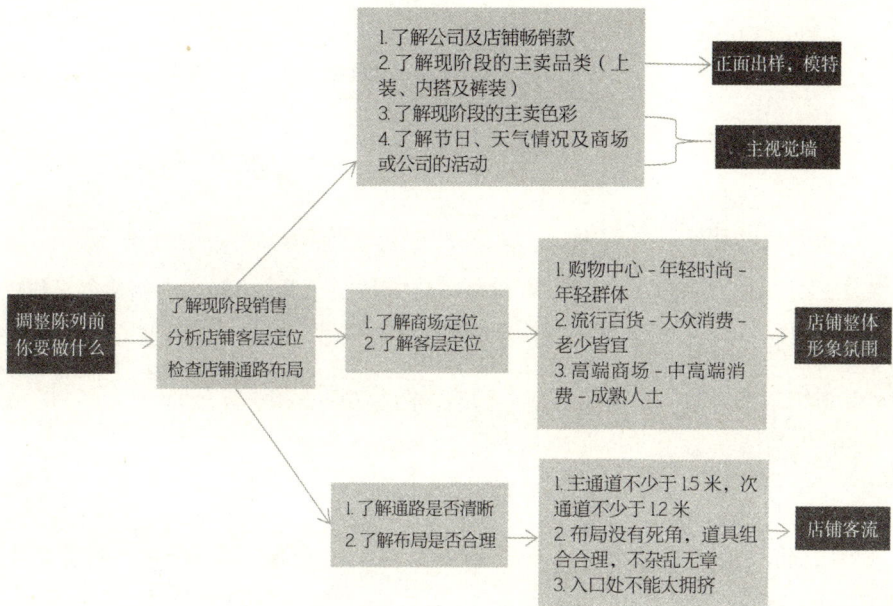

图 4-6　陈列标准流程

货品的管控流程

·帮扶制度

管控流程包括三方面：进、销、存。本区内调货怎么做，跨区内调货怎么做，这个也需要严格的流程吗？

当然。比如我们去调货，对方门店不给。为什么不给？

因为人家也要卖。

你问人家："系统里面不是显示有货吗？"

店长怎么说？

"系统数据不准。"

这款货对方卖得好，所以人家不愿意给你。

这个时候就需要公司出一个制度。什么制度？

帮扶制度。第一，如果有人来你这里调货，你不给，可以。一周内消不掉，你店里自己买单。第二，你去别人那里调来了货，一周内卖不掉，你店里自己买单。

以后还有人敢乱调货吗，有人调货，还敢不敢不给货？

不敢。

你不给别人调货，时间久了，这个款不一定卖得出去。另外，对方既然能够调货，90%的可能性是能够卖掉。所以公司制度一定要跟上。

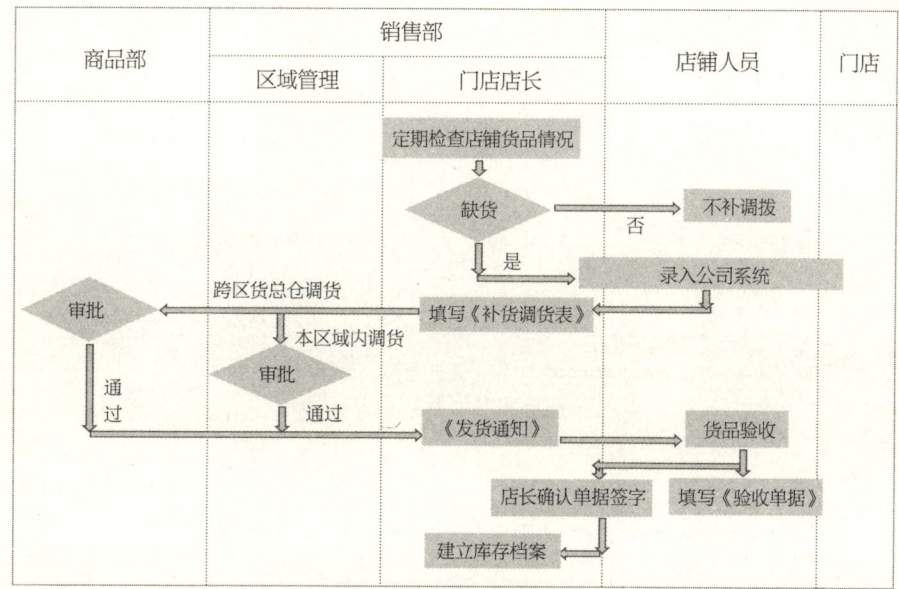

图 4-7 进货流程

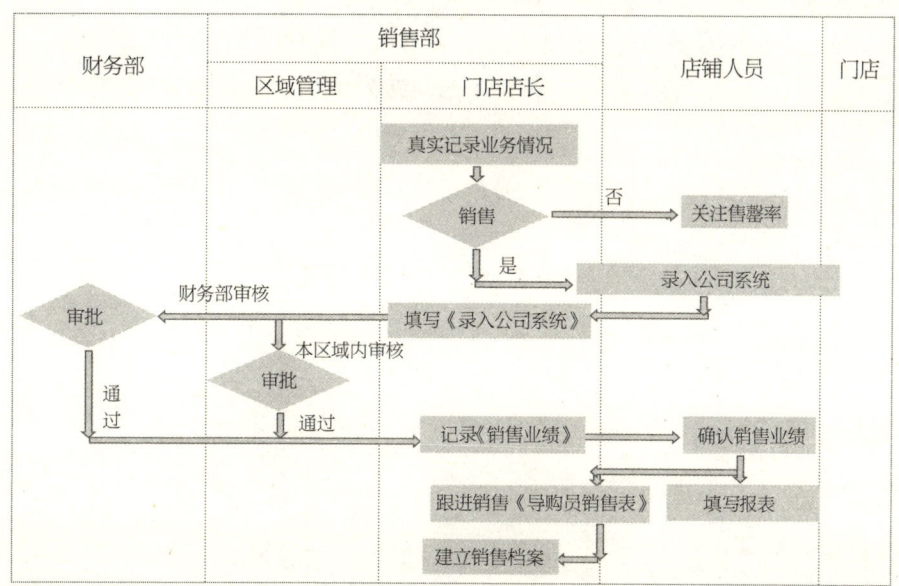

图 4-8 销货流程

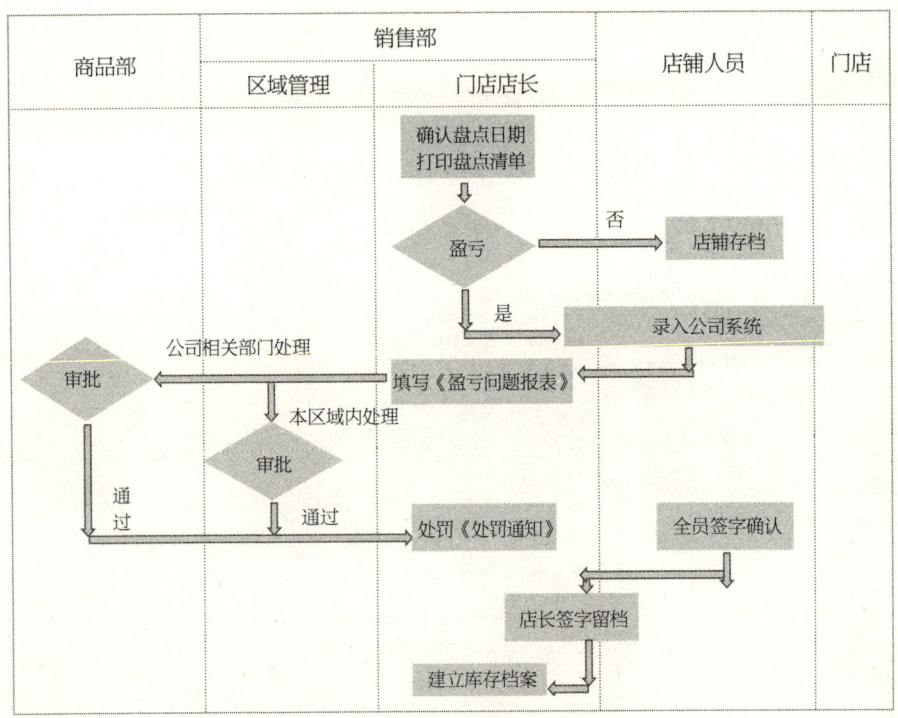

图4-9 存货流程

门店营业流程

营业流程大致分为三个模块：营业前、营业中和营业后。每个模块还包含若干小的事项，比如门店开门。开门就要播放音乐，从门店开门播放，一直放到下班。细心的人会发现，现在有些门店连音乐都有严格的标准。2006年我们给一个公司做项目，门店早晨一开门就放《心太软》这首歌。老板说："为什么放这首歌？"

员工说："这首歌好听。"

第二首是《伤心太平洋》，第三首是《都是月亮惹的祸》。我去到店里，本来心情挺好的，一听到这些歌，整个人都不好了。所以，歌曲光好听就可以吗？

不可以。门店的气氛就要热烈的、积极的、欢快的。

同样，营业流程各个模块的细节都要做到位。

图 4-10　门店营业流程

突发事件处理流程

什么是突发事件？

严格来讲，任何可能（无论事实上是否发生）对企业或品牌的有形或无形资产、对员工或消费者产生一定程度损伤的事件，均应视为突发事件并进行处理。比如客户投诉质量问题、顾客摔倒、顾客打员工、顾客偷东西、门店停电、地震等，都属于突发事件。

·工作中，容易发生的突发事件包括以下几类：

产品质量不符合标准形成的消费者抱怨；

消费者在店铺发生意外造成伤害；

消费者在店铺失窃；

消费者在店铺偷窃财物；

水灾、火灾、地震等灾害；

遭到勒索、恐吓；

店铺资产遭到破坏；

动物等异物闯入店铺。

上次我们给一个公司做培训，学员分享了一个经历：他们门店在北京步行街，总共占了四层楼，一楼是正价商品区，二楼是特价商品区，三楼是仓库，四楼是员工休息区。门店的隔壁是一个餐厅。有一天餐厅突然起火了，火苗轰地冒出来了，他正好跟同事在四楼休息。同事一看着火了，马上准备从四楼跳下去。幸好被他一下子抱住，然后两人从楼梯跑了下去。后来同事说："刚才幸好你抱住我，要不我就跳下去了。"

这个事情说明什么？

那个学员的同事突发事件处理能力太弱，公司缺乏相应的突发事件管理能力培训。

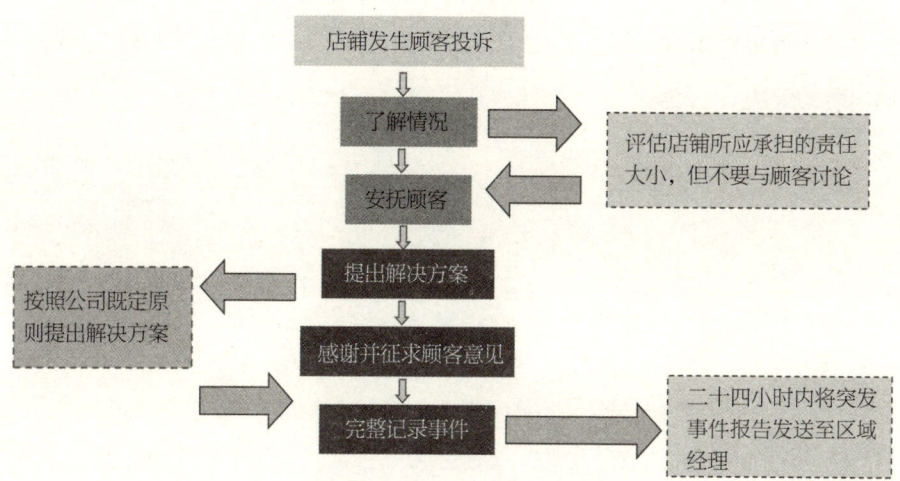

图 4-11　突发事件处理流程图

发生投诉时，由店内最资深经理出面解决，并通报店经理。当门店经理不在时，寻求区域经理的协助；

店经理应与区域经理密切沟通，寻求妥善处理方法；

当事件无法得到妥善解决，并涉及媒体、政府时，必须通报营运经理；

当事件发生时，及时报备消协或公安机关，以得到相关政府部门的支持和指导；

营运经理接到投诉通报后，提供指导意见，必要时与公关经理商讨妥善解决方法；

如公司外机构介入，应由相关部门出面协调并通报总经理，例如：媒体介入时由公关经理负责协调；

　　赔偿金额为一定限额以上事件必须通报营运经理；

　　直接上报到市场公司的投诉，返回区域处理；

　　经总经理同意后，公关经理接手处理棘手事件；

　　总经理提供指导意见，并协调公关和其他部门，如法律、技术、企划等部门协助解决。

第五章

门店人才专业能力复制

能力模块是重点。为什么？

举个例子，在突发事件处理流程中，顾客进店投诉，店长了解情况，评估店铺所能承担责任的大小，不要与顾客讨论责任归属。如果能承担，就自行解决。在店长力所能及的范围内，按照公司原则提出解决方案。公司都有什么原则，什么货品可以更换，什么货品不能退换，什么情况下可以换货，什么情况下可以退货？如果店长承担不了，直接安抚顾客。但是万一顾客不按套路出牌，直接打了12365。市场监督管理局的人到了，记者也到了，你怎么接待？如果没有良好的突发事件处理能力，就全乱套了。所以，有的事情能按流程处理，有的事情无法按流程处理，这时就凸显出了能力的重要性。

情绪控制能力修炼

问大家一个问题：生气的时候，还能保持理智的人多不多？

不多。所以今天晚上跟男朋友大吵一架，动了分手的念头，今天不要提。如果睡一觉第二天起来还想分手，再提分手。夫妻俩吵架了，老婆跟老公说："定明天早晨7点的闹钟，起来吵架。"第二天闹钟响了，俩人还吵不吵？

不吵了。

有一次早晨，我跟老婆因为小区停车费的问题拌了几句嘴，我就出门了，因为要去深圳讲课。路上，我又要打车，又要赶飞机，一直没顾上回复老婆的微信。到深圳下了飞机，又收到她的信息，问我："老公，到底还吵不吵？不吵我睡觉了。"如果她之前发微信的时候，我正好不忙，俩人可能唇枪舌剑，你一句，我一句，是不是很容易就吵起来了？

所以，生气的时候，控制情绪非常重要。生气的时候，人通常是不理智的，很容易说话过激。等冷静了，又觉得刚才那事也没什么大不了的。

夫妻之间如此，对领导、顾客、下属也是一样的。提高情绪控制能力，尤其当你跟顾客、领导吵架的时候，你得想好了，自己到底还想不想干了。

上次我和一个朋友去吃饭，我们刚把车停好，有一个人倒车倒得特别猛，一下子撞到了我朋友的车上，咣一下，保险杠掉了。我朋友说："这个你要赔。"

对方有点儿喝醉了，态度很不好："赔你1万元！"说着掏出钱，砸在引擎盖上。

我朋友说："不够。"

那个人特别嚣张："干吗，敲诈啊？"

我朋友说："你找保险公司问问。"

结果保险公司过来一看，要赔 16 万元。一个保险杠，要赔 16 万元。

那个人顿时态度变得特别好。因为态度再不好，就得拿钱来。

所以，我们要学会控制情绪，尤其本事不大的时候，要收敛一点，免得出了事，收拾不了。

销售目标管理能力

·员工为什么总要压低任务？

工作中，有没有这样的现象：

领导给了30万元的任务，下属说："能不能多给点儿，让我做35万元？"

没有。

大多数人是这样的：

给一个经理下达550万元的任务，他说有压力，只能完成530万元；

给一个督导下达400万元的任务，他说够呛，只能完成350万元；

给一个店长下达40万元的任务，他说32万元差不多。

反正，领导下达的任务指标，下属总是想方设法讨价还价。他们为什么要降低目标？

因为想拿到奖金。奖金按什么标准？

达标率。所以店长跟店员压低目标。

为什么每个月领导下达的任务目标总完不成？

因为把目标压得越低，越容易达标。达标了会有达标奖。

员工压低目标错了吗？

没错。是老板做错了。所以理论上来说，企业尽量不要按达标率来计算员工的奖金。

·承诺书，签起来

奖金不按达标率，按什么？

两个指标，一个叫同比增长，一个叫环比增长。比如你去年完成了 530 万元，今年老板下达的任务是 550 万元，只要跟老板谈一个条件：去年完成 530 万元，今年完成 530 万元，我一分奖金不拿。但是超额部分要给我们团队奖励。这么干，我们的职业经理人还会不会压目标？

不会。因为超额部分越多，奖金越高。水涨船高，就没有人再跟你谈条件。完成 530 万元，为什么没有奖金？

因为 530 万元是去年完成的数。去年能完成，今年也能够完成，所以不需要奖励。需要奖励的是今年超额的部分。针对超额部分，按一定比例奖励团队，比如按 10%、5%、3%，只要老板同意，团队怎么坑都可以。这样，业绩就往上走了。

谁赚了？

大家都赚了。所以不要怪下属压目标，怪只怪你的激励方法出了问题。

去年人家做了 30 万元，今年你让人家完成 40 万元，40 万元不达标没有奖金，于是人家拼命干拼命干，干到 40 万元，明年你又给人家定到 50 万元，完不成还扣工资，人家就不拼命干了，而是会想办法压目标，跟你讨价还价："老板，完不成 40 万元，能不能 35 万元？"

从某个角度来讲，出错就出在这个环节上。以后公司尽可能按超额完成率来谈奖金。这个数去年完成过，只要你在去年完成额的基础上有超额部分，奖励多少都可以谈。因为是在去年的基础上增长，所以员工是有信心的。这么做，士气自然就起来了。

谈完以后干吗？

签承诺书。我们公司现在就是这样，每个月月底，人事部就把承诺书打印出来，大概格式是：本人是某某区域经理或者某某店长，这个月承诺完成多少，完不成自动放弃这个月的工资。如果超额，公司怎么奖励，等。承诺人签名，在财务部按上手印。这么操作，每个月的业绩都是超额完成。

签完承诺书，就要拿业绩说话。老板定目标30万元，如果你只能完成25万元，只能拿工资，不能拿奖金。25万元也完不成，工资都没有。超额部分，公司会奖励。为了完成老板下达的任务，你要公司支持什么，买什么礼品给顾客，员工激励是什么，这些都可以谈。

·提高 VIP 贡献率

问题来了，老板也同意奖金按超额部分计算，下属也签了承诺书，任务怎么完成呢？

分析一个案例：在一次培训会上，学员提到老板下达了1200万元的任务，而他认为1100万元是可以完成的。那剩下的100万元怎么解决？

我问他："现在一共有多少家店？"

他说："背1200万元任务额的门店，在60家左右。"也就是说，100万的差额分配下去，每家店的只要多完成1万多元。

我又问他："整个公司的连带率是多少？"

他说："整个公司的数据没有专门测算过，大概在2.5左右。"如果实际完成1100万元，连带率是2.5，那么连带率提高多少能够多完成100万元的业绩？

我们计算一下：

$$100 万 \div 1100 万 = 9\%$$
$$2.5 \times 9\% = 0.225$$
$$0.225 + 2.5 = 2.725$$

也就是说，连带率提高 0.225 个点，达到 2.725，就能补上 100 万元的差额。要实现这 100 万元有两个办法，第一个办法是全额做 VIP 的邀约，邀约不代表降价。可以针对全国 VIP 做回馈活动。一是免费保养衣服，一是送礼品。具体如何操作，可以根据店里的情况决定。

做邀约，给 VIP 打电话："某某女士 / 先生你好，我是某某品牌客户经理，我们现在推出全国 VIP 回馈，您可以把所有的衣服拿来本店做免费保养。"

对方来不来？

来。

但是 VIP 来了不能当天把衣服拿走，告诉 VIP："衣服保养大概需要一周，麻烦您下个礼拜再来取。"

所以，VIP 一共来几次？

两次。

第一次把衣服送过来，第二次来取衣服。来两次，能不能搞定一次？来 10 个 VIP，能不能搞定 2 ~ 3 个？

一个开了两三年的门店，大概有多少 VIP？

2000 个左右。

想提高 VIP 贡献率，可以针对这 2000 人。

·提高连带率

第二个办法是提高连带率，推出连带奖励。比如第 3 件或者第 4 件奖多少？第 5 件奖多少。听过连带课的人都知道，如果连带率是 2.3，一般从第几件开始奖励？

第 3 件开始。

比如第 3 件奖 10 元。第 4 件没有钱。为什么第 4 件没有钱？

因为从第 3 件到第 4 件很容易。所以我们设定：第 4 件没有钱。正常第 3 件奖励 10 元，第 4 件要加 5 元钱，奖励 15 元。现在规定第 4 件没有奖励，把第 4 件的奖励挪到第 5 件。原来第 5 件奖励 20 元，现在奖励 25 元。第 3 件奖励 10 块，第 5 件奖励 25 元，导购干不干？

肯定干。游戏规则就在这里。

同样地，第 6 件没有钱，第 7 件有钱。第 8 件没钱，第 9 件有钱。第 10 件有没有钱？

有钱。因为从第 10 件开始再往上都是特别难了。按照这个游戏规则，连带肯定往上走。

上次培训完，一个公司拿一个区域做试点，做了一期连单竞赛。他们推出了两个方案，一个方案叫作"最大联单奖"，以金额为准；还有一个叫"最高连单数"，基础是 5 件，5 件起才算一个大连单，每个奖选出两名。大家知道最后连带率提高到了几个点？

4 个点。

这就是连单奖的激励。如果想把业绩短时间内提升，不要按月做，按周做，推出周奖。

·员工出钱

不管是提高 VIP 还是连带率，如果能够让员工出钱 PK 是最好的，这盘棋才玩得大；如果总是公司出钱、老板出钱，效果就会差很多。比如刚才说的那个公司有 60 家门店，每个店至少有 4 个导购。每个导购最少可以收 20 元钱。导购敢不敢赌？

敢。连 20 元钱都不敢赌，这样的导购可以不用留了，为什么？

一点儿野心都没有。

假定每个导购拿出 20 元钱进行 PK，一家店 4 个导购，一共 80 元，总共 60 家店，员工募集的 PK 资金 4800 元，老板再追加一半就 OK。什么意思？

门店出多少，老板追加多少，这个玩得就刺激了。

上次陈总奖励手机，应该是大家玩得最开心的一次。陈总说："邰老师收了你们的钱，我奖励你们手机。"我记得有个员工卖了 28 件，他跟我说："邰老师，我肯定能拿第一名。"结果到 30 日，另外一个人卖了 46 件，直接把他灭了。所以 PK 玩的就是心跳。

·每个游戏，只能玩一次

有人说："邰老师，有一点我比较困惑。这些游戏是挺好的，但是每个游戏都多少有些操作漏洞。我们门店经常玩 PK，有员工 PK，还有对组 PK。最后发现，刚开始大家玩得挺 high，后面效果就没那么好了。"

实际上，这样问的人是没有明白游戏规则：每个游戏，只能玩一次。一年四季玩下来，游戏都在变化。这个月玩连带奖，下个月玩 VIP 增长率，再下个月玩新货售罄率，然后玩积分兑换、商场排名，一年下来，不断变换游戏，一年四季轮着换。如果游戏总是一成不变，肯定要完蛋。

记住：不能老让员工出钱。第一个月让员工出钱，第二个月还让员工出钱，他们心里会怎么想？

不干了，上个月赔钱了。

所以，每个游戏只能玩一次，玩一次就换一个新的。还有一点：货品不能支持，折扣不能支持。这两点是原则，不能违背。

门店高效沟通管理训练

·沟通有规则

沟通难不难？

难。但是找到方法和技巧，遵循一定的规则，也没有那么难。

讲一个案例：

假设 A 和 B 同为门店店长，A1 和 B1 是各自门店的导购。A 事先和 B 沟通好，让 A1 去 B1 那里调货。结果 B1 不给货。A1 该怎么办？

表 5-1　高效沟通思路

选择 1	A1 先找自己的上司 A，然后 A 去找 B，让 B 去找下属 B1
选择 2	A1 先去找 B1 的领导 B，如果 B 也不同意给，A1 再去找自己的领导 A
选择 3	A1 先找自己的上司 A，然后 A 直接找 B1，如果 B1 还不同意，A 再去找 B1 的领导 B

三种做法，哪个最妥当？

第二种。为什么？

A 和 B 两个店长已经沟通过，所以才安排店员 A1 过去调货。如果 B1 不给货，可以先找 B1 的上司 B。如果 B 也不同意给货，再找自己的上司 A。

但是 A1 的上司 A 能不能直接找 B 的下属 B1 ？

不能，这是大忌。

就像你和同学打架了，结果你爸爸上来把你同学打了一顿，你同学的爸爸爽不爽？

肯定不爽。

你现在去拿货，对方不给。你告诉她："你不给我，我先问一下你店长。"如果对方又同意给你，这个事情就解决了。

如果对方说："你找店长也没用。"那你就找她的店长。如果她的店长说："导购要是说没有，那就是没有了，我已经跟她说过这个事了。"

这个时候，你要找谁？

找你的上司，你的上司再找对方的上司，如果最后你的店长也说没货了，那也没办法。这个时候如果还往上一级反映情况，要让你的上司找你上司的上司，再由你上司的上司找对方上司的上司。

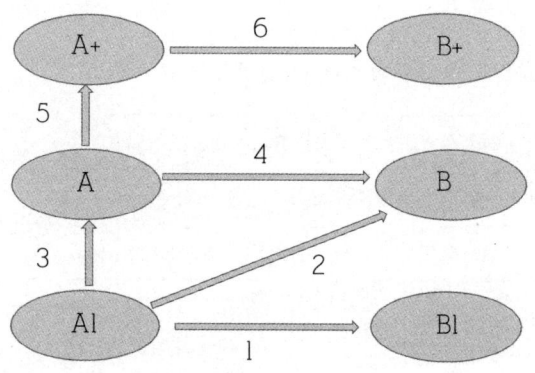

图 5-1　有效沟通线路图

同时，公司应该有系统和制度来支持。不调货要处罚。一旦查出来有货，自己买单。

还敢不敢不调货？

不敢。所以很多时候公司没有相应的制度支持，导致沟通成本太高。

·一个意思，换种说法

沟通问题还出在不会说话上。说话太直接，太直白，反而不容易解决问题。比如货到了，但是加盟商不提货。什么原因呢？

因为加盟商的货还没卖掉。

说话太直的人打电话会说："某某老板，你的货已经到了，堆在我们这里太占地方了，麻烦你赶快把货拿走。"

人家爽不爽？

不爽。

货不提走占了你的位置，你不高兴，所以催着人家赶紧提货。但是这样说话，别人肯定不舒服，所以还是不去提货。

聪明的沟通者怎么说？

"某某老板，你的货已经到了，很多加盟商过来都问这货是谁的，都想拆开来看，我一直给你留着呢。你赶快提走，说不定很快卖掉了。要不然哪天被人提走了，你可亏大了！"

对方一听，心想："我的货这么抢手啊，赶紧去提吧。"或者即使知道对方这么说是个托辞，但是听了也舒服，所以也就去提货了，问题就解决了。

学会换位思考，灵巧沟通。

员工培训带教能力

·门店员工选人技巧

※ 选对人很重要

问大家：选择重要，还是努力重要？

都重要。

那年我外甥高考选志愿，问我报什么专业。

我告诉他："你看200多个专业中，哪个不懂选哪个。"

他说："还能这么选？"

我说："你懂的，别人也懂，大家都抢着报。"

最后报了一个跟4G有关的专业，当时也不知道4G什么意思。现在都发展到5G了。毕业后他分配到贵州一个县的中国移动，开始5000元一个月。现在升到主任级别，7000元一个月，再加上年终奖，平均下来一年20万元左右，去年买了车，买了房。

还有我侄子同样问我报什么专业，我也告诉他，哪个看不懂报哪个，结果选了一个叫物联网的专业。到今年，国家已经培养了三届物联网专业的学生。广州白云学院调研结果显示，物联网专业的学生毕业出来起薪1万多。

所以，选择重不重要？

重要。招员工也是一样的。

古语说"扶不起的阿斗"，阿斗是谁？

三国时期刘备的儿子。

为什么阿斗扶不起？

因为阿斗不思进取，整天只会吃喝玩乐，即使有诸葛亮这样的能臣辅佐，最终还是把江山丢了。今天人们就用"扶不起的阿斗"来形容那些无法成才的人。

工作中，你要是招个"阿斗"进来，能行吗？

不行。有的人可以培养，有的人培养不出来。你把人选对了，即使不培训，人家也能干得很好。

※ 几大招人渠道

招人，怎么去招？

如果招管理层，在前程无忧会找得到。如果招大学生，在智联招聘可以找得到。当然最好的方式是，让员工转介绍进来。

有个老板跟我说："邰老师，我叫员工介绍人进来，介绍一个人奖励200元，没人介绍；奖金加到600元，还没人介绍；后来规定介绍进来新人工作满三个月，奖励2000元，还是没人介绍。到底怎么回事？"

我说："我告诉你，实话可能比较伤人，你要听吗？"

他说："可以听。"

我说："你的员工在这里工作都生不如死，怎么会叫自己的姐妹来受苦？所以你给钱，人家都不介绍。"

留不住人的企业，根本就招不到人。连老员工都留不住，怎么招到新人呢？所以说，取消用钱来招人的方法，把自身的文化做好。让现有的员工开心，员工才可能转介绍别人。

还有一个招人的办法是去学校。每年的毕业季，校长最头疼的是什么？

学生就业。

企业最头疼的是什么？

招人。

所以，以公司的名义找校长合作。如果是服装企业，可以去服装学院找设计学院校长合作，校长肯定很乐意。一个要就业，一个要招人，你的需求满足他的需求。

※ 让薪酬保持竞争力

招大学生进来有一个好处，什么好处？

让干什么就干什么，培养大学生好过培养有经验的人。但是等人家能力提高了，就要涨工资，否则人家肯定会走。很多大学生都是在一家企业先实习，然后再跳槽。怎么办？

你想跳槽，我就涨工资，涨到跟其他公司差不多。你就没有跳槽的动力了。

我们现在培训企业，要求人事部到年底做一件事：了解同行的薪酬。你家工资多少不重要，重要的是你的对手给了多少钱。同样一个职位，竞争对手涨工资。你不涨行吗？

不行。初级导购，人家给 1800 元，你家也给 1800 元。如果人家给 2000元，你们家还是 1800 元，员工肯定会走。所以人事部每年年底都要去了解所有同行的薪酬，这是很有必要的。

上次长沙一个老板就搞偏了。他说："邰老师，上次我让她们去了解，她们去了就不回来了。"

我说："你让谁去了解？"

他说："我让导购问一下隔壁那家店给多少工资。"

结果员工一去问，再也不回来了。这很正常。所以一定要让人事部去了解，让人事做这些沟通的事。

※ 你所不知道的"底薪"秘密

一个最现实的问题是招不到人，这是因为底薪太低。

有人说："邰老师，工资高了，成本就高了。"好，给大家一个方案：

人家给 1800 元，你家给 1600 元，就算有人来面试，来的人也不是有能力的人，是不是？有底薪 1800 元的店她不去，只能来你这里拿 1600 元的底薪，证明这个人有能力吗？

没有。

人家给 1800 元，你家也给 1800 元，你家就没有竞争力。人家给 1800 元，你家可以调到 2000 元，还是招不到，提高到 2200 元。但是要两套薪酬机制。

大家都知道，高底薪肯定匹配低提成，因为有成本核算。干满一个月以后，你就告诉她，你现在是 2200 元，提成点数是 2.5，如果你选择底薪 1600 元，提成点数是 3。有销售能力的人绝对选哪个？

底薪 1600 元，提成 3 个点。

如果她说："我还是选择 2.5 个点吧。"

你说什么？

"不好意思，试用期不合格。"辞了她，重新再招。

不要看竞争对手底薪高，可能也是这个方式。

※ 员工介绍，不是多多益善

招聘最好的方式是员工介绍。但介绍的量也要控制。什么意思？

前段时间重庆一个老板招了一个总监，跟他说："放心，我会帮你搭建一个销售团队。"老板还跟我炫耀："邰老师，我终于翻身了。"

我说："什么意思？"

他说："那个总监把他之前的团队全部带过来了。"

我说："你的危机不远了。"

他还不相信。

结果半年不到，整个销售部逼老板加工资，不加工资全部走人。这个老板性格比较硬，就不加工资，然后销售部整体离职，一个人都没了。

·门店员工招聘标准

大店选人的标准和小店选人的标准一样吗？

不一样。A类店店员要形象好、销售技巧好，尤其形象店，店员一定要有模有样；B类店店员形象可以一般，但是销售技巧要好；C类店，包括特卖场，对店员没什么要求。

以下列出了四个衡量人才的标准，包括胸怀、品德、才能和意志。我们从这四个角度分别来看大店店长、小店店长、导购有什么样的用人标准。站在谁的角度来选呢？

不要站在自己的角度，站在老板的角度。假设自己创业，你会怎么选这帮人？

※ 大店店长选人标准

对于大店店长，哪个要素最重要？胸怀为先，品德为先，才能为先，还是意志为先？

人品。道德不能败坏。所以老板选人，以德为先。

其次是心胸。你带多大的团队，取决于你的心胸和格局。

俗话说："再大的烙饼也大不过烙它的锅。"一个人胸怀宽广、格局大，就不会斤斤计较，不会患得患失；心胸狭窄、格局小的人，对人、对事缺乏包容心。

前段时间我们给一个公司做拓展训练讲团队打造。一个组长跟我说："邰老师，为什么我们组的组员能力都那么差？"

我说："什么意思？"

他说："让他们干什么都不行，得靠我一个人拼死拼活地干。"

我说："把你调到李嘉诚、马云的团队，最差的就是你。"

不要老觉得下属能力差、素养差，能力强的人就不做你的下属了，早成你的领导了。所以不要看谁都不顺眼。

第三个应该选什么？意志还是才能？我们看那些老板，屡战屡败，屡败屡战，跌倒了再站起来，再跌倒再站起来。这就是意志力。

第四个是才能。有没有发现一个现象：老板越有才，员工越无能。老板什么专业越强，公司哪个部门就特别差。

广州一家公司的老板和朋友合开公司，一年之间开了30家店。他说："邰老师，能不能给我介绍一个销售总监。"

我说："有是有，但是过来估计活不久。"

他说："什么意思？"

我说："你家的销售总监招了多久？"

他说："招了三年多。最长的待了三个月。你说怎么回事？"

我说："因为老板太厉害。下面的人才活不了。"

老板哪个模块越厉害，公司哪个部门就特别弱。

我和张总合作的昆明分公司，最弱的是培训部。前两年招人，招不来，即使来了，待不久又走了。我反省应该是我的错误。为什么？

因为我培训太厉害了，所以看谁都不顺眼。问题是，如果一个培训经理有我这么厉害，人家也不做培训经理了。所以现在我都不管了，你们爱怎么做就怎么做。

所以做好一个老板，能力不是最重要的，如何用人，把有能力的人团结起来做事，这是最重要的。反而那些能力很强，事事亲力亲为，追求完美的人是做不好老板的。即便做了老板，也活得非常累，做不了大老板。

※ 小店店长选人标准

选小店店长也是人品第一。

第二个考虑什么？

才能。

因为一个小店就是店长带两三个兵，所以店长绝对得是销售高手。否则，这家店撑不起来。小店店长要做业绩，但是不能把全部业绩都做了，不能让员工没饭吃。比如给小店店长的业绩任务是总任务的三分之一，做完三分之一她就不用做了。剩下的时间干吗？

帮别人。因为她一直做，做到月底，你发现她的业绩老高了，其他导购根本没饭吃。小店店长，除了做个人业绩，还要帮助整个店提高业绩，帮助其他导购增长业绩，她的提成也高，所以她会无条件地帮别人，这样小店整体业绩才能够上来。

大店店长要不要做业绩？

不需要，大店店长就是管理，大店通常是 4 个人以上的店，除了店长，下面还有 4 个人或者更多。如果店长也做业绩，这个店就全乱了。

不管是大店店长，还是小店店长，当你的业绩完成了，顾客特别多，你又不得不接的时候，你做的业绩算谁的？

员工的。

怎么分配？平分？

奖励给当天业绩最高的人。

比如今天店长干了一个 3000 元的单子，奖励给今天业绩最高的导购。导购们拼不拼？

绝对拼命干。所以不要平分。

上次一个店长跟我说："邰老师，我做的单子通常都给那个业绩最差的人。"

我说："为什么？"

他说："帮助。"

我说："别人拼命干才干到 3000 元，那个人什么都不干就捡了 3000 元。以后谁还努力？"

第三是胸怀。最后是意志。小店店长只要有一定的胸怀，在店员中有一定的威信，能激发店员的意志，让她们努力出业绩就行了。

※ 导购选人标准

选导购也是首先考虑人品。其次呢？

才能。店员主要靠业绩吃饭，业绩是导购胜任力的关键指标。店长要给导购发挥才能的机会。

一个加盟商在微信上跟我说："邰老师，店刚开业，现在招不到人。"

我问她："你们家现在几个人上班？"

她说："4 个。"

我说："都有谁？"

她说："第一个是我妈，第二个是我姐，第三个是我，第四个是我老公。"

新导购进店，店长挨个介绍认识一下。年纪大的是谁？我妈。稍微大一点儿的呢？我姐。那个男人呢？我老公。下午新导购说："老板，我明天不来了。"

为什么不来了？

大家想想，一个导购心理得多强大，才能够待下来。既不敢跟老板抢单，也不敢跟老板亲妈抢单，也不敢跟老板亲姐抢单，也不敢跟老板的老公抢单，在店里就像老鼠似的，她出得来业绩吗？

出不来。即使有销售能力也发挥不出来。

加盟一家店可以这么干，从长远的角度来说，如果想开更多的店，这么干肯定不行。有空的话，想想怎么发展，这才是老板该做的事。

再次是意志。不要怕被顾客拒绝，这才是合格的导购。

最后一个是胸怀。导购级别的员工不需要多大的胸怀。

※ 面试巧提问

想知道对方的能力，不要问工作经历，为什么？

简历早背得滚瓜烂熟了，连日期都能给你说得丝毫不差。你要是问："销售能力怎么样？"对方绝对说："我是销售高手。"所以你这样说："销售能力就不看简历了，你先熟悉一下店里的货品。待会有客人进来，你接待。"然后告诉其他导购，有客人进店不要上前，让面试者接待。结果怎么样？

一试就能看出销售能力。如果这关通过了，直接录用，都不用三天试用期。面试导购销售能力最快的方式就是让她接待客人，一下子就能知道对方肚子里有料没料。

面试店长也是一样，如果顾客一来，就把衣服砸在收银台上投诉，你怎么接待？我扮演顾客，你扮演店长，我投诉你，你怎么接待？通过案例演练，一轮下来就知道行不行。

毅力怎么看？

看多久跳一次槽，如果半年跳一次，在你家也是待半年就走。多久跳一次槽，是有规律的。有一种人叫作"职业跳槽"。什么意思？

两三个月不跳槽就浑身不自在。动不动就跳槽，这个公司也不好，那个公司也不好。世界上有没有最好的公司？

没有。每个公司都有自己的不足。就算是你开的公司也有不好的地方。但是不能对公司稍不满意就跳槽，最后害的是自己。

·门店员工用人机制

用人之长，天下人人可用；用人之短，天下无可用之人。一个公司没有人才可用，这是很可怕的。为什么会这样？

因为你看谁都不顺眼，领导用人，关键是把合适的人放在合适的位置。搞定这三类人，基本全公司就搞定了。

※ 孙悟空

孙悟空类型的员工有能力，但是不听话。

有一个现象：门店里有能力的人一般都不听话，听话的人一般都没能力。为什么有能力的人不听话？

因为他们知道自己很牛，卫生不搞、陈列不搞、仓库不管，我就是靠业绩说话。其他人跟老板说："老板，这个人不听话，不能留了。"老板不同意。因为人家的业绩占整个店的一半，少了这个人门店就毁了。

老板喜欢什么人？

听话又有能力的人。如果你有能力，还听话，下一次升职的肯定就是你。

孙悟空什么时候最听话？

有人说："唐僧念紧箍咒的时候。"

唐僧念紧箍咒的时候，孙悟空恨不得一棍子把他打死，只是头疼打不到而已。

其实孙悟空在两种情况下最听话，一种是有人救他的时候，另一种是当官的时候，比如玉皇大帝让他做管马的"弼马温"，孙悟空当时特别开心。所以，针对孙悟空类型的员工，你要多多委以重任："你来公司已经很久了，据我了解，你还是很有能力的。接下来店铺的陈列由你来负责，怎么样？"

他们会很高兴。过一段时间他们又开始偷懒，于是启动第二方案，让他们统一管理陈列跟仓库。再过一段时间，陈列、仓库跟 VIP 都由他们来管理，所谓的管理不是说做具体的事，而是轮流当官。

※ 猪八戒

猪八戒类型的员工是开心就干，不开心就不干。

比如明天就中秋节了，店里规定，中秋节不能请假。但是猪八戒才不管，我就请假，你不批给我，我就不干了。连工资我都不要了，你能拿我怎么办？

针对猪八戒类型的员工，就要把激励做到位，把游戏玩足。我们之前讲过的激励员工的方案，都可以用上。

比如，业绩第一名，由老板亲自接送上下班一天。第一个开单，可以让店长唱首歌。

除了奖励，还有处罚。业绩最差的员工去业绩最好的员工家里搞一次卫生；今天连带最低的发红包给连带最高的；今天最迟开张的发红包给最早开张的。

※ 沙和尚

沙和尚类型的员工，没什么能力，忠诚度特别高。

业绩不好，他只能选择听话，再不听话就被辞了。但是这类人即使培养，能力也长不上去，但是特别忠诚。就像每一次唐僧不见了，孙悟空去救师傅，猪八戒煽动沙和尚分行李，沙和尚都不听他的："反正我就在这里等他们回来。"

对于这种类型的员工，不需要激励。即使激励，他也拿不到。唯一有一个激励可以用上，就是业绩增长率。我们跟马云比财富，肯定是赢不了。但是比财富增长率，我们能赢。

· 门店员工一日工作

※ 一日工作的意义

通俗地说，一日工作流程就是每天从早上上班到晚上下班都做什么。细到什么程度呢？

细到分钟。每十分钟做什么，每五分钟做什么，都要按流程去走。

副总的一日工作有一项是：早上10点到10点半，审批各种报销单。如果你错过了这个时间，对不起，只能明天来报批。10点半以后，进入下一个工作。

开头我们就说过，肯德基和麦当劳，为什么兼职的员工能够在最短的时间内学会做事？

因为他们有一套人才复制标准。从上班到下班，每个时间段做什么，怎么做，都列好了。

一日工作流程有什么用？

一个优秀的员工离职了，还能把优秀的DNA复制下来。假如我是一个新员工，今天刚刚来上班，什么都不懂。店长拿出一日工作流程给我，我也大概知道从早上上班到晚上下班，具体做什么事。一日流程做到这个程度才有效。

怎么用这个表复制人才呢？

一个企业最低级别是导购，往上是店长，店长往上是主管或者督导。督导往上是经理，经理往上是总监，总监往上是副总，副总上面是老板。店员进来，每天按照一日流程做事。做满一个月、两个月、三个月到半年，对工作基本摸熟了，然后启动第二轮：让导购做一日店长。店长带教，督导监督。比如你的门店有4个导购，每个导购每个月有一两天的时间当一日店长。当了一年左右。这4个人能不能替代你？

能。这时候老板就很乐意提拔你，因为你培养了4个兵，每个兵都像你一样能干。

每个区域有A店、B店、C店、D店很多门店，门店店长做久了，可以让他们做一日督导、一日主管，督导平时巡店要教店长，一年下来，店长就有能力当督导或者主管。在公司快速发展的情况下，随便找一个店长都能顶督导的位置。

同样地，还可以让经理带督导做一日经理，经理做一日总监，总监做一日副总，副总做一日老板，这样老板就解放了。

这是最快速、最傻瓜式的人才复制系统。

广州东站原来有一家餐厅很奇葩。老板欠几百万元，跑路去了英国。大家发现老板不见了，实在没办法了，运营副总告诉大家："老板已经跑了。要不散伙，要不你们现在手上有多少钱，就投进来，我们继续把餐厅做下去。"于是，店员投钱，餐厅又接着干。

过了两年，老板心想："餐厅现在怎么样了？"一打听发现餐厅还活着，名字也没变，经营得还挺好。后来他回到国内，到餐厅里一看，员工一个都没变，于是就打官司，想把餐厅拿回来。结果怎么样？

现在餐厅变成合伙制，所有员工持股，因为老板走了，员工投了钱。

表5-2 专业店长职权

直营店长/副店长岗位说明书						
岗位名称	店铺店长	直属上司	区域督导	职位代码		定员人数	
隶属部门		直属下属	店铺员工	版次		生效日期	

<table>
<tr><td colspan="8">岗位概述：协助办事处督导全面工作</td></tr>
</table>

<table>
<tr>
<td rowspan="2">工作关系</td>
<td colspan="7">
区域督导

内部协调配合　办事处督导　店铺/员工之间衔接　←→　直营店长　→　外部协调配合　商场　各区域行政部门

店铺员工
</td>
</tr>
</table>

岗位职责		工作内容
	工作计划	1. 负责根据公司下达的门店经营管理指标及销售任务，结合周边竞争对手的情况和动态，制订相应的每月、每周、每日销售计划、主推计划和促销计划，不折不扣地完成销售额、主推任务、账面毛利、费用控制、库存周转天数等各项经营管理指标
		2. 每天、每周、每月对销售任务的完成情况进行分析总结，对发现的问题及时提出有效解决方案及实施
	工作职责	1. 负责每天在卖场中进行现场协调指挥工作。根据公司的检查制度，每天对门店全体员工的考勤、仪容仪表、服务态度、专场卫生进行巡检。对违纪人员进行相应的培训、整改、处罚，使卖场员工纪律、服务态度、环境卫生不断提高
		2. 对员工生日会及相关员工活动进行组织，积极配合经理/督导做好员工各项活动的人员安排、费用管控以及活动的具体实施，并将活动需求和活动结果及时反馈办事处
		3. 以公平、公正、公开为原则负责对本门店员工进行考核，有效贯彻公司的激励机制，以保证团队的凝聚力和员工持续的工作激情，确保公司的激励机制在门店合理彻底执行
		4. 店长对核心骨干员工予以充分的关注，并给予核心骨干优先调级的机会，确保门店核心团队的稳定和发展
		5. 负责对公司的文件在门店及时传达，并严格按文件组织员工执行
		6. 负责按照公司的盘点制度组织门店员工进行商品盘点，确保公司财产不受损失
		7. 负责周边地区商户关系协调、沟通、应急事务的处理
		8. 负责督导门店各项工作的落实，保证门店有序、高效运转
		9. 负责妥善处理售后服务问题
		10. 严格执行公司的财务制度，杜绝门店不合理的费用开支
		11. 通过市调了解和掌握竞争对手的基本信息和营销策略信息，并进行对手实施策略效果分析

（续表 5-2）

工作权限		☑ 人事建议权	☑ 预算内额度自主使用权	

重要信息递	内容	对象	时机	要求
	年度 / 月度工作计划	区域督导	年 / 月 / 周	书面
	年度 / 月度工作总结	区域督导	年 / 月 / 周	书面
	考勤汇总	区域督导	月	书面表单
	办公用品采购计划	区域督导	月	书面表单
	办公用品盘点	区域督导	月	书面表单
	店铺货品盘点	区域督导	月	公司系统

任职资格	内容	必备条件		
	年龄	22-35	性别	女
	教育水平	高中（中专）以上学历		
	工作经验	一年以上服装零售管理经验；两年以上店铺管理工作经验		
	技能和能力	具有良好的沟通及协调能力		
		对服装中高端品牌市场有一定了解		
		一般计算机文书操作，基本中英文看写能力		
	个性与品质	忠于公司，为人诚实、正直，善于沟通		
		性格沉稳，原则性强，团队合作意识强		
		工作效率高，责任心强，依法办事，保守秘密		
		吃苦耐劳，主动服务意识强		

注：以上条件不足者，由直属管辖办事处经理书面推荐转大区总监批准可特殊委任。

工作环境	工作地点	店铺
	工作时间	根据各办事处店铺管理条例执行
	可晋升的职位	办事处督导

编辑人		责任人		审核人		批准人	

表 5-3　店长一日工作

时间	日工作项目	工作项目描述
9:45 之前	着装整理	9:45 之前进店打卡
9:45-10:00	晨检内容准备及抽查各导购员商品交接情况	重要文件内容摘要（后勤专员提供）；前一天销售数据（主推、销售、完成率）的分析及点评（自行准备）；前一天各岗位工作情况及重点案例点评；近期公司促销动态；今天的销售目标与重点工作；今日注意事项
10:00-10:20	晨检开始	1. 晨检礼仪（五分钟）：检查员工仪容仪表；报告出勤情况；员工见面问候语："各位同事早上好"，"好""很好""非常好"；爱的鼓励掌声
		2. 工作安排（五分钟）：今日重点工作安排（事件、销售、其他）；近期公司促销活动及活动注意事项；销售总结（明确目标）
		3. 总结前一天工作；服从店长安排的当天事务；执行销售任务
10:20-10:30	巡场	1. 对于前一天销售最差的导购单独了解情况，给予指导性意见
		2. 检查门店卫生（从外到里）
		3. 检查门店布置，如有过期必须清理干净，保持最新的活动信息
10:30-11:30	走动式管理	1. 查看当日送货、收款情况（尤其是旺季）
		2. 检查卖场员工的销售状态，有无扎堆聊天，有无空岗空位，有无不主动补岗现象，站姿站态及销售用语是否正确
		3. 检查前一天业绩差的导购员主推的型号
		4. 查看赠品资源及其他资源是否充足，是否会影响近三天的销售，并予以解决和调拨
		5. 随时掌握员工的心理或行为动态，并予以帮助和解决
		6. 针对卫生死角，立即责令责任人在不影响销售的情况下进行整改或限时整改，并予以复查
		7. 抽查各销售人员的业务技能及促销活动、主推型号等
		8. 针对门店突发事件（缺货、客诉、人员等问题）及时联系并解决
11:30-12:00	市调及其他业务	1. 去竞争对手处市调，针对对手的促销活动、促销商品、价格变动，与公司相关人员联系，及时调整价格和营销策略
		2. 对外的公关协调等工作
12:00-12:30	日常工作	1. 合理安排员工就餐，杜绝空岗情况
		2. 查看当日销售状况
		3. 自提类商品（订单、残次、滞销、九十天不动销商品）的库存变化及管理
12:30-12:45	就餐时间	就餐时间
12:45-13:00	空岗检查	检查人员在岗情况（人员精神状态、纪律等）

（续表 5-3）

时间	日工作项目	工作项目描述
13：00-14：00	销售分析	1. 查看各导购员销售情况并进行分析
		2. 查看最新文件，针对紧急的文件精神立即执行
	检查人员到岗	检查人员的到岗情况
14：00-16：00	日常工作、巡店	1. 检查各柜餐后人员到岗情况
		2. 查看当日送货、收款情况（尤其是旺季）
		3. 卖场员工的销售状态，有无扎堆聊天，有无空岗空位，有无不主动补岗现象，站姿站态及销售用语是否正确
		4. 对当天销售差的导购员重点给予指导
		5. 赠品资源及其他资源是否充足，是否会影响近三天的销售，并予以解决和调拨
		6. 随时掌握员工的心理或行为动态，并予以帮助和解决
		7. 针对卫生死角，立即责令责任人在不影响销售的情况下进行整改或限时整改，并予以复查
		8. 抽查各销售人员的业务技能及促销活动、主推机型等
		9. 针对门店突发事件（缺货、客诉、人员等问题）及时联系并解决
		10. 随时参与门店销售
		11. 与外围单位进行联系；拓展门店客户群
16：00-16：20	门店晚检	1. 对晚班人员传达重点文件精神；近期公司促销动态
		2. 数据通报（含当天的销售、延保、主推等完成率情况）
		3. 晚班人员注意事项
		4. 今天的销售目标与重点工作；今日注意事项
16：20-16：30	交班	早晚班店长与副店长（店助）交班
16：30-18：15	日常工作、巡店	1. 参与门店销售
		2. 查看目前销售状况，针对各导购的销售占比进行指导性销售
		3. 卖场环境的检查（温度、垃圾桶、照明、背景音乐、消防通道、卖场卫生）
		4. 跟进、检查上午巡检查时的未尽事宜
		5. 针对手营销策略的变化，与分部相关人员及时联系，调整本门店的营销策略
18：15-19：00	就餐时间	晚餐时间
19：00-19：30	销售分析	1. 查看到目前为止，各导购员的销售，并做销售分析
		2. 样板上样率及周转情况，赠品是否满足未来一周的销量，针对短缺资源及时与相关部门申请
19：30-20：00	卫生检查	卖场卫生情况检查
	结束营业	1. 迎送各位员工，感谢每一位员工一天的辛苦付出
		2. 打卡下班

表5-4　直营店员岗位说明书

岗位名称	店铺员工	直属上司	门店店长	职位代码		定员人数	多人
隶属部门		直属下属		版次		生效日期	

岗位概述：协助店长全面工作

<table>
<tr><td rowspan="2">工作关系</td><td colspan="7">

门店店长

内部协调配合 / 店长 / 各员工之间衔接 ← 店铺员工 → 外部协调配合 / 商场关系

</td></tr>
</table>

岗位职责	工作计划	工作内容
		每月/周/天制定个人销售目标
	工作职责	1. 销售：通过自己的商品知识、服务技巧完成店长下达的每月、每周、每日的销售任务
		2. 补岗：根据销售现场情况及时补岗，保证在各区域范围内每一位顾客都能得到优质的服务
		3. 价格：严格按照公司价格指令书执行，杜绝违规操作
		4. 主推：熟练掌握主推商品的独特卖点，完成主推商品销售任务
		5. 根据店长的指令，完成淘汰商品、滞销商品、样机品及残次品销售任务
		6. 自检：负责本区域的卫生、模特和卖场布置的维护，确保本区域各项指标符合公司的相关规定
		7. 对领导分配的售后服务、出店宣传、市调等工作坚决执行，对客户进行管理和维护
		8. 接受公司的培训，并严格遵守公司的各项规章制度、言行标准、服务规范，主动、热情地接待每一位顾客，使用文明用语，为顾客讲解商品性能、包修须知，解答顾客要了解的问题
		9. 服从店长的领导，完成店长交代的其他工作

工作权限	

（续表 5-4）

	内　容	对象	时机	要求
重要信息	年度/月度工作计划	门店店长	年/月/周	书面
	年度/月度工作总结	门店店长	年/月/周	书面
	考勤汇总	门店店长	月	书面表单
	办公用品采购计划	门店店长	月	书面表单
	办公用品盘点	门店店长	月	书面表单
	店铺货品盘点	门店店长	月	公司系统
任职资格	内　容	必 备 条 件		
	年龄	22-30	性别	女
	教育水平	初中以上学历		
	工作经验	一年以上服装销售经验，两年以上销售工作经验		
	技能和能力	良好的沟通能力及团队精神		
		较强的服从意识		
		普通话流利		
	个性与品质	忠于公司，为人诚实、正直，善于沟通		
		性格沉稳，原则性强，团队合作意识强		
		工作效率高，责任心强，依法办事，保守秘密		
		吃苦耐劳，主动服务意识强		

注：以上条件不足者，由直属管辖督导书面推荐转办事处经理批准可特殊委任。

工作环境	工作地点	店铺
	工作时间	根据各区域店铺上班管理条例执行
	可晋升的职位	资深店员/副店长/店长

编辑人		责任人		审核人		批准人	

表5-5　店员一日工作

时间	日工作项目	工作项目描述
9：45之前	着装整理	9：45之前进店打卡
9：45-10：00	自我检查及样板管理	1.自我检查仪容仪表及精神状态
		2.检查样板，清理样板，调试样板，清理展台卫生，二卡一签、宣传单张的摆放等
10：00-10：20	晨检开始	1.准时参加门店晨检，认真听取晨会内容
		2.总结前一天工作，服从店长安排的当天事务，执行销售任务
		3.查阅、打印当日库存，对缺货商品、样板及时补货，及时了解库存状态及销售的注意事项
		4.理清今日需跟进顾客（含已销售未送货的顾客、客诉顾客、意向购买顾客等）
10：20	背景音乐	按公司指定曲目要求，播放门店背景音乐
10：30-11：30	日常工作	1.热情接待顾客，全程微笑，做好顾客的咨询，销售过程中应主动指引顾客办理交款手续帮顾客搬运出门，全程礼貌服务
		2.无顾客时，对主推商品知识及卖点、促销活动方法进行自我学习
		3.无顾客时，清理样板、展台卫生，各类价签功能卡、宣传品维护摆放一次，确保整齐、完整（无次数规定，无顾客时，就可以做）
		4.参与实际销售，及时解决销售过程中各类问题。如遇客诉，必须亲自跟进解决
		5.随时调研对手价格及营销动态，将信息反馈给店长
		6.全天保持良好的卖场纪律，不可聚众聊天，大声喧哗
		7.无顾客时，跟进所需跟进的顾客或维护大客户
		8.查阅、接收公司新的文件，无条件执行
		9.严格根据分部的价格指令书执行，力求销售利润的最大化，杜绝违规操作
		10.严格执行样板政策，做好样板的管理，及时更新，保证出样率（尤其是保证主推产品出样率），完成清理超期样板的任务
		11.已售未提商品的跟进处理
		12.查询库存，对门店自提商品如果库存不能满足未来一周的销售，要及时向店长提交要（调）货申请
		13.严格按照赠品制度进行管理，做到账实相符
		14.对重点企业单位、VIP客户介绍商品或交由店长协助跟进，给顾客提供增值服务，原则上不放过任何一次销售机会

（续表 5-5）

时间	日工作项目	工作项目描述
10：30–11：30	日常工作	15. 全天候参与销售
		16. 努力推销公司确定的主推产品及经理指示能尽快消化的残次、滞销品
		17. 对领导分配的售后服务、上门调试工作应坚决执行，力求顾客满意
		18. 贴心服务（大客户跟踪）
11：30–12：15 或 12：15–13：00	午餐时间	服从安排进行午餐，避免出现空岗现象
13：30 之前	着装整理	13：30 进店打卡（周末 12：00）
16：00–16：20	门店晚检及工作交接	1. 全部人员参与晚检
		2. 早班、晚班人员进行交接，主要交接内容为销售的任务指标、人员工作安排及早班时段未完成事宜的跟进情况
		3. 学习当天下发的文件，及时反馈邮件
17：30–18：15 或 18：15–19：00	晚餐时间	服从安排进行晚餐，避免出现空岗的现象，确保样板的安全
19：00–20：00	销售冲刺	随时查询实时销售，不放过任何销售时机，做当日的最后冲刺
	卖场整理	1. 对卖场卫生情况、样板摆放、商品安全情况进行检查
		2. 清理卖场所有垃圾
		3. 关电闸、锁门

※ 一日工作的执行

以上列出了店员和店长的一日工作。鉴于篇幅有限，督导和督导以上的职位，会在书后做附录。

如果没有这些模板，就比较难写。但是有了模板，我们可以在模板上修改，一周以内把所有岗位的一日工作全部搞定。弄完不是重点，重点是什么？

怎么执行。店员写完以后，店长就跟店员一天，看店员写的和做的是不是一样。

上次深圳一个公司的副总跟我说，他把写完的一日工作拿给老板看："老板，你看一下我的一日工作有没有问题？"

老板说："没问题。"

副总心想：审批这么快。

结果第二天老板拿个小板凳坐在副总的隔壁。

副总问老板："老板，有事吗？"

老板说："没事。我拿这个表看你写的和做的是不是一样。"

那天，副总拼命找事干。下班后，他开始修改一日工作表；第二天老板还坐在他隔壁，然后他再改；第三天，他的一日工作表就完善了。

当每个岗位都有完善的一日工作表以后，不管老板在不在，员工都会在固定的时间做固定的事。按照这个思路做下来，你们家门店基本不会缺人。

这个时候你会发现上司会有危机感。为什么？

因为上司发现下属随时都可以替代自己。当企业形成一种竞争氛围，员工做事就不会推卸责任。任何人都可以被取代。只有一个人不能替代，那就是老板。这样，公司的人才复制系统就慢慢出来了。

公司有时候花大价钱去挖一个管理岗位人才。老板愿意这样吗？

不愿意，因为自己的员工实在没能力做这个岗位，所以不得不去外面请人来做。等人才复制系统做出来，你放心，公司基本上不会从外面挖人，而是晋升自己的人。

·门店新人带教手册

下面我们以导购职位为例，介绍一下员工带教手册。新人带教手册包括二十五天的培训手册，从第一天上班到第二十五天转正，每天学什么都有详细的说明。最后还有一个测评表，新员工最终的考评分数是多少，决定是否能够转正。

为什么是二十五天呢？

因为每个月还要休息。把休息时间刨去，剩下二十五天。

很多人都说："现在人才培养成本太高了。"如果按这个人才复制系统走，人才培养成本就是最低的。

我们制定了导购培训手册、店长培训手册和督导培训手册，写这些表用了三个月，一点点从无到有。最开始写到第七天就没东西可写了，然后继续写，写到了二十五天。

注意，新导购进来，是店长带，还是其他人带？

其他人。店长只负责培训进度的推进。

新人进店，其他人负责带教，店长负责看这个培训表进度是否正常。

谁陈列厉害，谁教陈列；谁的VIP管理厉害，就教VIP；谁卖连衣裙卖得最好，就教卖连衣裙；谁卖牛仔裤卖得最好，谁就教卖牛仔裤。这个表不是带一天，什么时候有空就带教，早晨带一会儿，中午带一会儿，每天带一点点。新人进店，可能店里其他人都是她的师傅。这样带教的氛围就起来了。

以往都是谁带？

店长自己带。现在把资源整合起来，大家一起带。谁哪块厉害，就带教新人哪块。结果新人只要转正合格了，都是最厉害的，为什么？

因为都是最厉害的人在给她做示范。久而久之，员工一代比一代厉害。不要把这看成是一个课程，其实这是一个项目系统。如果只是当成一堂课，就可惜了。

鉴于篇幅问题，我们这里只列出员工培训带教手册的第一天、第十天、第二十五天和最后的测评表，供大家参考使用。本书最后会附上督导、店长和导购三个职位的新人带教手册完整版。为什么会列出这三个岗位呢？

因为企业中这三个岗位人数最多。

表 5-6　店铺新员工培训手册——第一天

时间	培训类别	具体培训内容	辅导人	评核人（店长/教练）			店长/教练签字
				是"√"或否"×"	分数 5 分	N/A	
第一天	熟悉门面环境/了解店铺基本工作情况	由店长带领到更衣间，私人物品存放储物柜	店铺店长门面教练	☐		☐	
		认识店铺同事，店长安排辅导教练		☐		☐	
		由负责辅导的教练介绍工作场所，包括卖场、仓库、休息间、洗手间等位置		☐		☐	
		简单介绍导购员的日常工作和大概职责		☐		☐	
		了解店铺卖场仪容仪表及着装要求		☐		☐	
		熟悉卖场站位、补位，熟悉门面各区域产品分布情况		☐		☐	
		介绍店铺日常用语		☐		☐	
				☐		☐	
				☐		☐	
				☐		☐	

评语及改善计划：

赞赏点	1.			
	2.			
改善方面	改善时间	跟进人	跟进结果
1.			
2.			
3.			
4.			

表5-7 店铺新员工培训手册——第十天

时间	培训类别	具体培训内容	辅导人	评核人（店长/教练）			店长/教练签字
				是"√"或否"×"	分数5分	N/A	
第十天	产品知识（服装基础科技）	回顾前一天学习的服装基础科技	店铺店长门面教练	□		□	
		学习服装基础科技——莱卡		□		□	
		熟悉服装基础科技——康纶		□		□	
		熟悉服装基础科技——思高洁		□		□	
		熟悉服装基础科技——密可柔		□		□	
				□		□	
				□		□	
				□		□	
				□		□	
				□		□	

评语及改善计划：

赞赏点	1.
	2.

改善方面	改善时间	跟进人	跟进结果
1.			
2.			
3.			
4.			
5.			

表 5-8 店铺新员工培训手册——第二十五天

时间	培训类别	具体培训内容	辅导人	评核人（店长 / 教练）			店长 / 教练签字
				是 "√" 或 否 "×"	分数 5 分	N/A	
第二十五天	综合测评	由店长汇总新同事以前二十四天关卡测试考核总分	店铺店长 门面教练	☐		☐	
		与新同事畅谈店铺实习感受及今后个人成长发展规划		☐		☐	
		由店长评定及反馈新同事实习期综合表现，给出评语及建议		☐		☐	
		了解新员工想法及在实习期间哪些方面需要给予帮助		☐		☐	
				☐		☐	
				☐		☐	
				☐		☐	
				☐		☐	
				☐		☐	
				☐		☐	

新同事培训期间销售业绩：

新同事培训期间销售排名：

店长综合评语及建议

综合评语	1.
	2.
建议	1.
	2.

·门店人才成长路径

表 5-9　新员工培训综合考评

时间	培训类别	具体培训内容	辅导人	评核人（店长／教练）				店长／教练签字
				是"√"或否"×"	分数120	得分	N/A	
第一天				☐	5分		☐	
第二天				☐	5分		☐	
第三天				☐	5分		☐	
第四天				☐	5分		☐	
第五天				☐	5分		☐	
第六天				☐	5分		☐	
第七天				☐	5分		☐	
第八天				☐	5分		☐	
第九天				☐	5分		☐	
第十天				☐	5分		☐	
第十一天				☐	5分		☐	
第十二天			店铺店长门面教练	☐	5分		☐	
第十三天				☐	5分		☐	
第十四天				☐	5分		☐	
第十五天				☐	5分		☐	
第十六天				☐	5分		☐	
第十七天				☐	5分		☐	
第十八天				☐	5分		☐	
第十九天				☐	5分		☐	
第二十天				☐	5分		☐	
第二十一天				☐	5分		☐	
第二十二天				☐	5分		☐	
第二十三天				☐	5分		☐	
第二十四天				☐	5分		☐	
第二十五天	综合测评			总分：				

新同事培训期间销售业绩：
新同事培训期间销售排名：

赞赏点	1.			
	2.			
改善方面		改善时间	跟进人	跟进结果
1.				
2.				

　　从见习店员，到店员，到店长，再到督导，往上到经理或者更高级别，每个级别学什么，学多久，公司都要有相应的设计。为什么？

　　让员工看到希望。来你家门店多久，能学到某个级别的课程，并晋级到下一个级别。未来公司的人才不是随便晋升，是要有计划地培养。按照月划分时间段，每个时间段店员应该达到什么级别。

　　有人说我们公司有突击队。这周突击四川，下周突击河南，下下周突击贵阳，再下周突击新疆。从长远来说，突击队治标不治本。突击队什么时候管用？

　　比如新店开业。营业前，营业中，营业后，驻扎，帮扶。但是依靠突击队提高业绩不现实。通常情况是，突击队在的时候，业绩好；等突击队走了，业绩又下滑了。而且突击队成本高，人员工资高，食宿费也高，开销很大。关键是用突击队救火还可以，想从根本上解决业绩问题，还是得靠店面员工。所以希望大家建立自己的商学院。商学院，可以自己建立，但是老师要内外结合。

业绩诊断分析能力

·让员工有机会拿到奖励

前段时间，我遇到一个督导。我说："你们家生意不好，什么原因？"

他是："第一个连带率低，第二个 VIP 贡献率低。"

我说："解决方案呢？"

他是："提高连带率，提高 VIP 贡献率。"

这句话等于废话。因为谁都知道。关键是如何提升？

第一个是奖励机制要做到位。第二个是要给方法。只给激励，不给方法，或者只给方法，不给激励，都不行。

林丹打羽毛球厉害吗？

厉害。打赢林丹奖励你 1 亿元，你打不打？

不打。因为打不赢。所以干脆不要浪费时间。

打赢我奖励你 100 万元，打不打？

打。因为打赢我，还是有希望的。

所以公司给的激励和方法应该让员工有机会拿到奖励。

前段时间，我们去杭州一家公司培训。一个总监跟我说："邰老师，你不用给我们讲激励。我们的激励老高了，只要达标，就奖励 1 万元钱。"

我问："有人今年拿过奖了吗？"

他说："没有。"

我说："你们定的什么目标？"

他说："老板说，今年比去年翻一番，就奖励 1 万元。"

我说："你们老板耍手段。"

什么意思？

反正我激励了，吃得到吃不到，不关我的事，吃不到是你们没本事。

怎么提高连带率，提高 VIP 贡献率，我们都讲过了，这里不再赘述。

·搞定新客户

※ 调整海报思路

提升进店率有两个方法，第一个是拦截新客户，第二个是邀约老客户。

听完连单课的人都知道，邀约老客户有固定的话术，直接套用就行。

如何拦截新客户呢？

我们给一个公司做过方案。他们本来在门口摆着"新品到货"的海报，我让他们把海报改了，改成"本店免费保养鞋子"。接下来进店的人络绎不绝。所以要改变营销思维。不改变，永远按老套路走，就会死掉。

※ 留客率

如果进来 10 个人，你能够留住多少人？这就是留客率。

进来 10 个人，有几个愿意留下来看你家的货品？

有人说 3 个。3 个太少了。正常应该是七八个，7.5 个左右。

顾客不愿意看，你可以主动给她看。但是不能进来直接介绍。必须等顾客逛完本店的二分之一，你才可以上前，二分之一之内，不能动，因为那时候，人的戒备心最强。

※ 试穿率

把客人留下来，接下来就是试穿率。如果有 10 个人看你家的衣服，有几个人愿意试穿？

既然愿意留下来看，证明顾客对你家产品感兴趣。试穿率低，只有一个原因，什么原因？当顾客逛的时候，你废话太多。什么意思？

顾客问你一句话，你说十句话。顾客进试衣间之前，你把商品的所有信息都说了，人家还有兴趣吗？

没了。

如果顾客愿意试，直接进试衣间；不愿意去，给顾客1搭3，1个上衣，搭3个下装；还不去，1搭6，一个上衣，搭6个下装。正常来说，试穿率大概在6.5。

※ 成交率

试穿就买吗？

不一定。就像谈恋爱一定结婚吗？

顾客愿意去试穿，但不一定会买。10个人试穿，成交率大概在5.5。

※ 提高连带率

接下来是什么？

连带率。连带率前面我们讲了，多少是正常？

2.0以内是初级导购，2.0～3.5是中级导购，3.5以上是高级导购。连带率结束了，就是回头率。也就是，有多少顾客再次回你的店消费。

· 好士兵和好父亲

店里货品好不好，谁最担心？

老板。门店就像老板的孩子，谁不希望自己的孩子好？

所以作为员工，不要埋怨老板偏心："为什么老板每次都给我们这么差的货？"老板也不愿意给你们店这么差的货，老板希望给你的每个款都是爆款。作为职业经理人，只能有一个想法：货到了，想办法卖。

一般门店分A类店、B类店和C类店。有些老板会把A类店卖不好的货和 B 类店卖不好的货,通通给到谁?

C 类店。这样对吗?

不对。

C 类店为什么是 C 类店?

是因为营业额少。人家本来都快死了,你还把不好卖的货丢给人家,结果搞得 C 类店,货也卖不了,人也招不到,形成恶性循环。

正确的货品组合应该是这样的:A 类店和 B 类店卖得最好的货,直接调给 C 类店,C 类店卖的全都是整个公司的爆款,C 类店员工有没有士气?

有。因为他们知道老板给的货都是爆款,所以士气和信心很快就起来了。但是 C 类店员工的工资和房租成本是整个公司最低的,这样 C 类店的利润是最高的。如果你要把特价款挑出来,建议搞个下水道店。比如奥莱。奥莱就是高端品牌的下水道店,把不好卖的货都放到那里统一销售。

近几年来,越打折的品牌,死得越快。如果这个店里又有正价,又有特价,你会发现,不打折,顾客就不来。这样就把顾客宠坏了,这恰巧是我们很多公司经常做的事。

新品上市,先在一线商圈卖,卖断码了调到二线商圈,二线商圈再卖断码调到三线商圈,三线商圈再卖断码调到乡镇,乡镇再卖断码调到一线城市的下水道店,最后一口价清掉。这样商品的生态就顺了。

所以,诊断业绩先诊断自己。少想别人的问题,多想自己的问题。

作为员工,不要总怪公司商品不好、天气不好、对手打折我们不打折,努力卖货才是硬道理。就像上了战场,即使手里的枪是把假枪,也得冲锋陷阵,不能当逃兵。

作为老板,不要再把不好卖的货给 C 类店,要对所有店面一视同仁,不做偏心的父亲。

表 5-10 门店业绩诊断表（月）

店名：	商场排名：	第 月	填表人：	填表日期：

一、月业绩分析

上月指标业绩：	本月实际完成率：	本月指标进度：
上月销售指标业绩：	本月销售额：	本月累计销售额：
上月销售件数：	本月销售件数：	本月销售件数进度：
上月 VIP 开卡数量：	本月 VIP 开卡数量：	本月 VIP 贡献率（不含新开卡）：
上月进店人数：	本月试穿人数：	本月成交率：
上月连带率：	本月连带率：	月度计划连带率：
上月达成率：	本月达成率：	月达成率：

二、个人业绩分析

	个人业绩分析									
姓名	本月业绩分析					VIP 数据分析		下月业绩指标		调整措施
	业绩指标	实际业绩	完成率	对比上月增长率	连带率	VIP开卡数	VIP贡献率	本月业绩指标	学习点	

三、月度货品分析   衣服／鞋子／箱包：（   ）件   配饰：（   ）件

1. 销售折扣分析

新款正价：	新款促销折扣：	旧款折扣：	过季货品折扣：
新款正价销售件数：	新款促销销售件数：	旧款折扣销售件数：	过季货品折扣销售件数：
新款正价销售金额：	新款促销销售金额：	旧款折扣销售金额：	过季货品折扣销售金额：
新款正价销售占比：	新款促销销售占比：	旧款折扣销售占比：	过季货品折扣销售占比：

（续表 5-10）

2.本月销售品类分析												
数据	配饰	连衣裙	衬衫	半裙	皮草	外套	裤子	外套风衣	背心	棉服	T恤	呢料外套	毛衫针织
本月销售金额												
本月销售件数												
本月销售占比												
上月销售件数												
上月销售占比												
本月对比上月升降率												

陈列布局调整能力

· 陈列要求

理论上，陈列师下到店里，应该做的第一件事是什么？

查看商品清单。这个店一共还有多少货，畅销款是哪些，滞销款是哪些，目前卖得最好的颜色是哪个，哪个价位卖得最好？但是很多人还不了解，就开始调整人家店里的陈列了。

陈列的三个标准：第一个是摆整齐；第二个是摆好看；第三个是摆好卖。大部分导购只能做到摆好看，但是好看不一定好卖。店长一般摆好卖，但是不一定好看。品相不怎么样，但是卖得好。

陈列调整的频率是每天一小调、一周一大调，还是每周一小调、一月一大调？

应该是每天一小调、一周一大调。

· 推荐陈列布局

一般橱窗摆什么款？

形象款。什么是形象款？

看过时装周的人都知道，时装周上的那些衣服视觉效果好，让人看着舒服，这种就是形象款。形象款好看，但是不一定好卖。公司希望每次订货都订什么款？

爆款。

流水台通常摆什么？特价，新款？

都不对。这里应该摆畅销款。很多人都喜欢在流水台摆特价款。特价款是不好卖的，不好卖才特价。这个款本来就不好卖，你还放在门口，顾客一看不喜欢，直接走人。所以要把畅销款摆在这个地方。

接下来两边摆什么款？

主推款。

什么是主推款？

目前库存量比较大的款式。

挂通上通常摆什么？

百搭款。百搭款就是比较百搭或者我们所讲的配件。比如家纺店里，像毛巾、浴巾、枕套之类的。如果真的要做特价，可以在收银台这里搞个挂桶，没有特价款，可以在收银台旁边摆配件。

一般门店第一个是形象款，第二个是畅销款，第三个是主推款，第四个是百搭配件，第五个才是特价款。这是我们研究所有同行当中卖得比较好的品牌通用陈列布局做法，大家可以参考。

客户管理能力

· 选取有效客户，做精准服务

问大家一个问题：原始人怎么获取食物？

打猎。后来人们把打猎捕到的动物圈养起来，动物通过交配繁衍后代，于是出现了家禽，比如现在的猪、牛、羊。

但是什么不能养？

老虎、狮子、狼。

所以，有的动物需要舍弃，有的动物通过圈养留了下来。

客户管理也是一样的。很多企业都在做客户管理，但是大部分企业都做不到位。比如你们家VIP有2000多人，其实真正活的VIP不多。什么是活的？

就是有效的。所谓的有效就是一年来一次或一次以上。一年都不来一回的，是无效，这种VIP就是死的。怎么死的呢？

可能是被你们弄死了，老是发短信骚扰人家，骚扰几次就挂掉了。从理论上来说，2000个VIP，是服务全部，还是服务部分呢？

古代皇帝有很多老婆，也就是人们常说的"后宫佳丽三千"。但是皇帝通常宠几个？

有人说，宠一个。那绝对不是个好皇帝。通常情况下，皇帝宠爱的妃子得有那么五六个。如果我们现在有2000个VIP，宠多少呢？

宠一个？那你的店很快就挂掉了。全宠？没有精力，更没有必要。因为人多了，精力就分散了，你也服务不好。

拿我来讲，我的课程要提前一个半月预定。为什么？

我的新浪粉丝26万,微信好友接近5000人,微信公众号上面有3万多人。这么多顾客,我只服务多少就OK?

50家。50家企业,每家企业请我讲一次课。每次课程两天,一年就要100天。加上两头的路程,一年差不过就过去了。所以一定要精准地锁定顾客。

标准的VIP,大概是120人左右。也就是说,把精力放在最精准的120个VIP身上,这个店就忙疯了,而且利润可观。我们来做一个推演,120个VIP,每个VIP一年来门店几次?

4次。

为什么?

因为一年卖四季。

一年来4次,每次买几套?

听过连单课的人都知道,大概每季买7套。

每季7套衣服,只是没有全在你们家买。你每季有没有7套衣服?

有。但是可能不是一个品牌的,对吧?

接下来再看,一套衣服多少件?

按3件就行了。每件衣服少钱?

可能300元,可能600元也可能1000元。我们按一套均价600元来算。

120个VIP,一年来4次,每次买7套,每套3件,每件均价600元,算下来是600多万元的流水。一般来说,门店的业绩大概是散客占一半,VIP占一半。我们现在算出来的600多万元,还不包括其他客人。所以咱们只要想想,怎么让这120个VIP爽一点就OK了。

·对不同级别的客户,提供不同的服务

※ 划分标准

问题是，我们到底取谁出来做精准的服务呢，如何筛选？

按次数和金额。

把客户分为哪几类？

A 类、B 类、C 类和 D 类，正常是这么划分的。我们重点服务 A 类顾客。A 类怎么选？

第一个需要满足的条件是次数，第二个需要满足的条件是金额。

首先，次数多、金额大的顾客取多少名？

120 名。

从档案里面挑出来 120 名。

接下来选 B 类。B 类是按次数，还是金额？

按次数。这个人只要多来几趟消费额就上去了。

最怕哪种顾客？

来一次买了很多，这辈子再也不来了。

所以 B 类顾客是次数多。在 A 类 120 名顾客之后，再取 120 名进来。这是做预备方案，万一 A 类顾客跑掉了，拿 B 类顾客顶替。从理论上来说，你只要把连带率提高，B 类顾客就可能变成 A 类客户。因为他们来的次数已经够多了，你再提高连带率，B 类客户就满足了次数多、金额大的条件。

接下来讲 C 类顾客，满足的条件是金额大、次数少。有的人一年才来一次，但是每次都买很多。这个人可能常年在外地，过年才回来一趟，但是你不能跟人家断了联系。

最后是 D 类顾客，满足的条件是次数少、金额也少。

※ 区别服务

这四类顾客都同等对待吗？

当然不能。我们要重点服务的是 A 类。记住，维护 A 类和 B 类顾客的时候，千万不要发任何跟产品有关的短信。否则，他们会被你弄烦。为什么？

因为人家经常来，你发的信息对顾客来说没用，没用的信息就是骚扰信息。

前段时间有一个客户，每天早上9点钟准时发信息给我："邰老师，记得吃早餐。"

连续发了3个月，我都快崩溃了。

我说："某某老总，其实你不用每天发信息给我。"

他说："没关系，发给你，我很乐意。"

我很想回复他："我不乐意。"

半年以后，我真的受不了了，直接把他拉黑了。结果，他打电话给我："邰老师，最近发信息给你，都没办法发出去。"

我说："我也没办法接收了。"

所以给A类顾客发短信的时候，不要发跟产品有关的信息，包括B类顾客。但是有一点，发信息必须有顾客的姓名。没有姓名的，都是群发短信。

群发信息，对A类和B类顾客来说，有没有用？

没有。

广州有一个品牌，这方面做得特别好。顾客试衣前，导购会说："某某女士，你的地毯，我给你换好了，这是你的专属地毯。"顾客一进试衣间，就会看到地毯上印着自己的名字。所以，凡是进了试衣间的人，不可能不买衣服。为什么？

服务太好了。只要进了店，几个服务就把你感动得稀里哗啦，不买都不好意思。这个店是唯独一家会员店，不是会员都不让进。顾客享受的服务基本上都有定制性。

从进店到离店100天，每天跟进什么内容，比如：离店5分钟发什么，3到7天发什么，15天发什么，1个月、1个半月、2个月、2个半月到3个月、

100天以内发什么？直接套上去就OK。这就是最简单的复制。这种人才复制，能做到傻瓜式的复制。

表5-11 惠购卡消空记录表

惠购卡消费记录				100服务维护记录			
惠购卡金额：		免单金额：					
商品货号	商品数量	惠购卡消费金额	确认签字	维护工具	维护日期	维护内容	顾客反馈信息

表5-12 顾客100服务模式

深观国际VIP盈利系统VIP贵宾服务管理的标准流程之100服务模式	
一、VIP贵宾成功销售1个小时后，致谢短信或者微信发送，新VIP贵宾短信或者微信内容以会员卡办理通过，专属服务信息告之为核心，原VIP贵宾以产品功能介绍，穿着保养洗涤内容介绍为核心。（备注：第一次销售产品，成为贵宾的顾客一定征求贵宾的同意，给予拍服装搭配前的气质的照片，告诉贵宾成为会员享受服务后，她的服装搭配风格和气质会发生变化，为以后对比做留恋）	×女士您好！我是××品牌××专卖店，现在短信或者微信主要是温馨提醒您，今天您选择的服装主要是×××工艺，您第一次清洗时最好是干洗或者手洗。这样对于服装的版型保护会更好，另外您有权享受100天的专属衣服搭配服务，100天内您可以到店或预约享受专属服装搭配技巧，以后您生活中每一个场景，您都非常迷人，有您独特的魅力。您的形象顾问×××愿意随时为您服务，专柜或专卖店电话是：×××××××××××，有任何疑问您可以随时与我们联系，祝您愉快每一天。谢谢！
二、VIP贵宾成功销售后第1天的执行内容，基于购买产品的功能特点，电话询问穿着效果及服装搭配知识小贴士短信或者微信内容发送。	×女士，我是××品牌××专卖店的形象顾问××，打扰您两分钟时间？给您来电的目的是我们想做个售后电话回访，您在我们这里购买了××款的产品第1天，美丽的衣服您有穿吗？在穿着的过程中如果有关于服装搭配方面的问题，您可以给我电话或者把服装带到店里，我们帮您搭配，您还记得我们告诉您的洗涤保养技巧吗？非常感谢您帮助我们完成这次电话回访，祝您愉快每一天，谢谢！

（续表 5-12）

三、VIP 贵宾成功销售后的第 3 天的执行内容，基于购买产品系列做电话或短信或者微信回访内容。VIP 贵宾购买全套或者连带率高的，邀请 VIP 贵宾回店享受专属搭配服务，在贵宾回店服务中要收集贵宾的爱好、最近关注的事情、职业等信息点，购买服装特别喜欢的风格和想展示的感觉，发送心灵鸡汤或搞笑快乐的微信内容。	1.× 女士，我是 ×× 品牌 ×× 专卖店的形象顾问 ××，占用您 1 分钟宝贵的时间，今天是您拥有 ×× 款服装第 3 天，也是您专属回店享受搭配服务的日子，同时本次特别申请由我们资深的首席形象顾问亲为新 VIP 贵宾服务，您看是否需要我帮你向她预约一个时间为你提供服务？（双方确认时间）祝您愉快每一天，谢谢！ 2.基于 VIP 贵宾档案信息，可以发送职业励志短信或者微信、心灵鸡汤或搞笑快乐的微信内容。
四、VIP 贵宾成功销售后第 7 天的执行内容，基于 7 天服务信息内容（如果顾客没有时间回店或者还没有使用服装，今天重点是再次邀请 VIP 贵宾回店享受搭配服装的服务），只做服务，不推产品。让 VIP 贵宾感受我们的真诚服务。并且预约下周衣服穿着计划搭配方案及到店服务时间。	1.× 女士，您对我们形象顾问给您的搭配，感觉满意还是非常满意（对第 3 天到店的贵宾就直接说，今天也是您享受专属搭配服务的日子，第 3 天没有来的我们推出最新时尚搭配方案，贵宾反映非常好）？配合穿装的效果会更好，对修饰身材的效果非常明显，您看什么时间方便过来？刚好我今天下午没有约顾客，如果你能过来我便可以专心为你提供服务（双方确认时间）。祝您拥有愉快的一天，谢谢！ 2.基于 VIP 贵宾档案信息，可以发送职业励志短信或者微信、心灵鸡汤或搞笑快乐的微信内容，以及健康服装小贴士、服装色彩心理学知识。
五、VIP 贵宾成功销售后第 15 天的执行内容，重点是邀请 VIP 贵宾回店享受搭配服务、鉴赏新品，赞美顾客气质发生变化？服装搭配穿着得体，让 VIP 贵宾感受我们的真诚服务。	1.× 女士，您成为我们的贵宾 15 天了，最近一周我发现您都没有回店享受服装搭配服务，我也知道您工作很忙，服装搭配技巧关系到您的重要形象，所以想约您回店与您一起做服装搭配计划，您看什么时间比较方便呢（双方确认时间）。祝您愉快每一天，谢谢！ 2.回店重点是客情关系维护，在做售后服装搭配的过程中，引导顾客发现搭配后的变化及需要增加搭配的服装。
六、VIP 贵宾成功销售后第 25 天的执行内容，重点是邀请 VIP 贵宾回店享受形象设计服务。在做形象设计服务中要基于顾客搭配的变化来和 VIP 贵宾确认变化效果，同时提出基于贵宾气质的另外一种风格的服装做介绍，基于贵宾工作和生活的信息点，适合在地点、场合穿着，为销售做铺垫。	1.× 女士，您成为我们的贵宾第 25 天，为了能更好地服务您，今天是您回店享受形象设计的时间，为了增添您的魅力，及时提醒您回店享受搭配和形象设计是我们的责任与要求，所以邀请您回店享受服务，您看您什么时间过来（双方确认时间）？祝您愉快每一天，谢谢！ 2.在回店形象设计服务的过程中，基于 VIP 贵宾已消费的产品；基于 VIP 贵宾的肤色、线型、款式、风格分析，介绍搭配，接下 VIP 贵宾需要配上的产品，现场让贵宾试穿感受体验。

（续表 5-12）

七、VIP 贵宾成功销售后第 30 天的执行内容，重点是邀请 VIP 贵宾回店体验欣赏。贵宾刚进店的形象和通过 1 个月的搭配服务指导改变的形象做对比。确认效果，直接给顾客开搭配方案，之前销售一件或两件的邀请根据形象需要进行全方位的搭配。	1. × 女士，您成为我们的贵宾 30 天了，中间您有回店享受什么什么服务，您还满意吗？为了能给您更好地制定下一阶段形象设计方案，所以要和您对比一下您拥有我们的搭配服务后和之前的变化，我们会教您一套新的搭配技巧，讲当下最流行女士穿衣搭配的内容，想跟您约个时间回店，您看今天什么时间比较方便（双方确认时间）？祝您愉快每一天，谢谢！ 2. 确认变化，客情维护，配上系列某某品牌产品。
八、VIP 贵宾成功销售后第 30 天至第 60 天的执行内容，按照每 7 天一个短信或者微信、一个电话、一次回店服务模式执行。确认效果，建立信任，提出邀请 VIP 贵宾转介绍并且成功带一位朋友到店消费某某品牌服装。原 VIP 贵宾增加销售新产品一套。	1. × 女士，我是 ×× 品牌 ×× 专卖店的形象顾问 ××，您现在方便接听电话吗？给您来电的目的是想跟您分享一个新的咨讯，公司最新推出限量版的冬款大衣，款式时尚修身，最重要的是保暖效果特别好，因为是限量版，我们店里才有三件，要不要我帮您留一件？不知道您什么时间可以过来看看？ 2. 基于 VIP 贵宾档案发贵宾关注的信息内容的短信或者微信；每次提前一天给贵宾电话，确保贵宾每 7 天回店享受服务一次；邀请 VIP 贵宾本月带朋友到店进行消费。
九、VIP 贵宾成功销售后第 60 天至第 100 天的执行内容，按照每 7 天一个短信或者微信、一个电话、一次回店服务模式执行。确认效果，建立信任，提出邀请 VIP 贵宾转介绍并且成功地带一位朋友到店消费某某品牌服装。	1. × 女士，我是 ×× 品牌 ×× 专卖店的形象顾问 ××，春天来了天气越来越暖和了，为了春装穿出好效果，我们店推出《我和春天有个约会》的形象搭配课题，这个内容只有贵宾可以享受服务，时间定在 × 月 × 日（双方确认时间），祝您愉快每一天，谢谢！ 2. 基于 VIP 贵宾档案发贵宾关注的信息内容的短信或者微信；每次提前一天给贵宾电话，确保贵宾每 7 天回店体验服务一次。邀请 VIP 贵宾本月带朋友到店进行消费（双方确认时间）。祝您愉快每一天，谢谢！
备注：在执行 100 天服务流程中，节假日、活动、生日、VIP 贵宾重要纪念日，要采用台历管理法，在重要的日子那天中午 11 点前将 VIP 贵宾祝福短信或者微信或礼物赠送给 VIP 贵宾，并确认收到。	1. × 女士，我是 ×× 品牌 ×× 专卖店的形象顾问 ××，您现在接听电话方便吗？给您来电的目的是告诉您我们公司正在举行新品试穿，公司请我们邀约最有品质的客户为我们的新品试穿并提出相应的建议，我一下子就想到您了，所以给您打电话，不知道您什么时间方便过来，给我们的新品提出宝贵的建议。 2. 基于档案信息：您好 × 姐，我是 ×× 品牌 ×× 专卖店的形象顾问 ×× 上次听说您特别喜欢听 ×× 歌星的歌曲，前天休息我把他的歌曲都下载下来了存在门店的电脑上了，您看看什么时间方便过来我把她的歌曲拷贝给您（双方确认时间），祝您愉快每一天，谢谢！

（续表 5-12）

备注：在执行 100 天服务流程中，节假日、活动、生日、VIP 贵宾重要纪念日，要采用台历管理法，在重要的日子那天中午 11 点前将 VIP 贵宾祝福短信或者微信或礼物赠送给 VIP 贵宾，并确认收到。	3. 活动：您好 × 女士，我是 ×× 品牌 ×× 专卖店的形象顾问 ××，打扰您两分钟的时间，给您来电是想告诉您我们门店正在做以"旧换新"的活动，无论任何品牌的服装我们都可以抵相应的价钱更换我们的新品。这次可以更换的新品数量有限，您是今天过来还是（双方确认时间）？祝您愉快每一天，谢谢！ 4. 会员活动：您好 × 女士，我是 ×× 品牌 ×× 专卖店的形象顾问 ××，打扰您两分钟的时间，给您来电的目的是想告诉您，我们请了国际 × 老师，为我们的 VIP 会员做一次面对面的交流会，是我们 VIP 贵宾专属的活动，时间是 × 月 × 日 × 时至 × 月 × 日 × 时，总共时间段位 × 长时间，交流主题为（插花、健康养生讲堂、服装色彩搭配……），我知道您对这方面非常感兴趣，我给您留了两张邀请函，不知道到时候您有没有时间过来？这次请到的这位老师我们已经申请半年了，您大概什么时间可以过来拿邀请函。（双方确认时间）祝您愉快每一天，谢谢！ 5. 节日：尊敬的 ×× 品牌 ×× 贵宾！节日快乐！×× 年 ×× 品牌致力让您演绎奢华与极致的风度。值此"××"佳节，某某品牌特别设置专属的问候，以感谢贵宾您一直以来的支持与惠顾。某某品牌才能拥有持续的动力，在此特别祈福贵宾您及家人节日快乐，安康、美丽！

·实行 VIP 升降级

※ 航空公司方式

客户的级别有没有可能发生调换？

当然有可能。今年是 A 类，明年可能是 B 类或者 C 类，甚至降为 D 类。如何防止客户降级呢？

我最早坐飞机的时候，就问工作人员："为什么有人可以进 VIP 休息室休息，我不能进？"

他说："因为你是我们家最低级别的 VIP。"

我说："什么级别可以进？"

他说："银卡可以进。"

我问："怎么做到银卡？"

他说一年要飞满多少公里数。

结果我好不容易成为那家航空公司的银卡会员。有一次我爱人跟我一起出差，我说："老婆，带你去享受一下VIP休息室。"

结果，到门口被拦住了。

我说："为什么人家可以带，我不可以带？"

他说："先生，我们家金卡会员可以带人，银卡不能带人。"

结果，我好不容易成为金卡会员，我家宝宝出生了。我问："可以带宝宝吗？"

他说："不行，金卡只能带一个人。"

我说："宝宝怎么办？"

他说："没事，这次让你带，下次只能带一个人。"

我说："为什么别人可以带两到三个人？"

他说："那是我们家的白金卡会员。"

※ 门店招式

首次消费3000元，年度累计消费满5000元，可以办一张VIP卡；

首次消费8000元，年度累计消费满1万元，可以办一张银卡；

首次消费2万元，年度累计消费满3万元，可以办一张金卡；

首次消费3万元，年度累计消费满8万元，可以办一张白金卡。

两个条件，一个是第一次消费，一个是累计消费。

白金卡、金卡、银卡跟普通卡，服务标准是不一样的。

普通VIP顾客，不负责任何产品的保养。

银卡VIP顾客，可以到店里来保养顾客本人的衣服。

金卡VIP顾客，门店工作人员亲自上门服务，但只服务本人。

白金卡 VIP 顾客，门店工作人员亲自上门服务，为全家服务。

这种服务还体现在一些小事上。比如外面下雨，普通卡会员在店里面拿一把雨伞，要交 50 元钱的押金。银卡会员在店里拿一把雨伞，交 20 元钱。金卡会员不用交押金。白金卡会员拿雨伞不用还。

同时 VIP 顾客要有升降级。什么意思？

年度累计消费达不到某个标准，就要降级。这么干，VIP 会非常活跃。现在很多公司 VIP 都是终身制。合理吗？

不合理。

这个等级升降也是模拟航空公司的模式。坐他家的飞机达不到多少时段或者公里数，就会自动降级。所以我现在每次出差都是死盯着那个航空公司，只要有合适的机票就订，为什么？

因为我是他们家的 VIP。

门店顾客维护也一样，进行升降级以后，顾客每次买衣服，首先想到来你家店逛逛，看看有没有合适的。如果有合适的，顾客肯定买。因为级别不能掉。一掉级别，价格就高了，服务也没了。

·将客户资源提升到战略高度

接下来我们看一下客户档案。

如果没有顾客档案，一家门店的客户管理会很惨。客户档案要做得非常细。顾客姓名、生日、微信、电话都在这里。现在员工用什么联系顾客？

微信。

这个微信是公司所有，还是员工所有？

公司所有。

广州一个品牌，我们是 2014 年 10 月份给他们讲的客户管理。讲完以后，公司熊总回去更换了所有人的微信号，公司统一申请，然后下发给员工。员工离职以后，微信留下来，下一个人入职，同样用这个微信号。负责的人变了，但是微信名字不变。你自己还不能改。你放心，员工走了，对公司的业绩影响是相当小的。因为客户没走。

我们不要求所有的 VIP 资料都这么健全，但是 A 类顾客资料必须健全。如果你不留档案，老员工走了，下一个员工对顾客不了解，接待不了。

比如导购最新印象，这次导购跟顾客聊天，聊了什么内容，都要做相应的备注，便于下一个导购接替的时候能够跟上。再比如最后一个是特殊要求：每次顾客到店都要喝咖啡，喝哪个品牌的咖啡？都要有相应记录。做到这么细，下一个员工来接替就太容易了。

还有我们前面讲到的，顾客离店 1 小时发什么信息？离店 1 天发什么信息？3 天、7 天、15 天、25 天、30 天、30 到 60 天、60 天到 100 天发什么信息，都要有相应的要求。

这个档案是针对哪类顾客？

A 类。如果员工有时间或者 A 类顾客不多，就 A、B 类顾客一起维护。

如果小李离职了，小张来接替小李，小张一拿到微信号，已经有 2000 多个 VIP 在微信上，就会非常有信心。另外，这么多 VIP，小李也不会轻易离职，为什么？

离职就要从零开始。因为一个客户都带不走。

表 5-13 VIP 档案登记表

服务顾问：		开发日期：		是否录入系统：	
会员：□新顾客 □VIP		页码：		VIP 级别 / 卡号：	

顾客基本资料	姓名：	出生日期：_____年___月___日（□新历 □旧历）		手机：	
	微信：	常用联系方式　□电话 □短信 □微信		最佳联系时间	□上午 □下午 □晚上
	通信地址：				
	职业	□公务员　□教师　□医生　□律师　□企业管理　□销售 □私营业主　□学生　□其他			
顾客习惯	喜欢的面料	□蚕丝 □羊绒 □棉 □麻 □真丝 □其他		照片	
	习惯消费时间	□周一　□周二　□周三　□周四 □周五　□周六　□周日　□特定时间			
	最希望我们提供服务	□衣橱整理 □干洗 □衣服保养 □送货上门 □形象顾问 □其他			
	兴趣爱好	□旅游 □逛街购物 □运动 □美食 □音乐 □影视 □阅读 □其他			
顾客体形风格	身高：	体重：			
	上装尺码：	下装尺码：　　　　外套尺码：			
	裤长：	袖长：			
	领形	□圆领 □V领 □翻领 □高领 □立领			
	肩型	□平肩　□溜肩　□一般			
	最想修饰的部位	□腰 / 腹部 □腿型 □臀型 □脸型 □身材比例			
	适合颜色	（□冷　□中　□暖）（□深 □中 □浅） （□艳　□中　□柔）			
	注重类型	□款式　　□领型　　□肩型　　□织法			
顾客维护资料	经常陪同购物者	□同事　　□朋友　　□家人			
	顾客最在意的重要日子	1.结婚纪念日：_____年_____月_____日（□旧历 □新历） 2._____			
	导购对顾客的最新印象：				
	特殊需求：				

·客户是认人，还是认服务？

顾客认的是公司的产品，还是员工？

都有，是吧。再问一个问题，顾客是认这个人，还是认这个人的服务？

认的是这个人的服务。只要把服务做到可复制，在服务套路一样的情况下，客人就不再认人了。因为对于顾客来说，谁来服务我都是一样的。

熟悉我的人都知道，现在不管去哪里，我都会带着保温杯。每次坐飞机，空姐都会跟我说："邰先生，麻烦把水杯给我，我给您装上热水。"

任何一个空姐来服务，都是这个标准。这叫什么？

个性化。了解顾客爱好是什么，特殊需求是什么，任何人接替工作的时候，服务的标准都是一样的，顾客就会只认品牌。因为每个人来服务我，套路都一样。

所以，表面上看顾客认的是人，实际是认这个人背后的服务。

·根据消费习惯，对客户区别对待

什么是消费习惯？

顾客来你们家门店，买的是正价产品，还是特价产品，这叫消费习惯。根据消费习惯，我们可以把顾客分为四种类型。

第一种叫价值型顾客。

第二种叫价格型顾客。

第三种叫附加价值型顾客。

第四种叫复合型顾客。

价值型顾客买什么产品？

正价产品。

如果顾客在你家买了正价产品，过两天你发特价信息给人家。人家爽不爽？

肯定不爽，这个价值型顾客有可能被你这波操作烦死了。

讲个案例：

一个顾客在东莞某商场花了3000多元买了一件衣服，结果没几天，导购发信息给她："全场8.6折优惠，欢迎光临选购。"

顾客回复导购："我下午过来找你。"

导购怎么说？

"好的姐，我接待你。"

顾客下午一到，衣服一丢，要求退款。一分不能少。

导购说："不能退。"

顾客说："不退我就找商场。"

导购说："找商场也不退。"

后来找到商场，商场也说不退，人家打12315，最后全额退款。

上次我在无锡花了6800元买了一套某品牌的衣服，一分钱不降。没多久，导购给我打电话："邰先生，我们全场8.8折优惠，您有空过来看一下。"

我把电话一下子挂了。

导购锲而不舍，再打过来说："是不是信号不好？"

我说："不是信号不好，是我心情不好。"

你会发现，买正价产品的人这辈子很少，甚至没可能买特价，这就叫消费习惯。买正价产品的人，不要给他们发特价信息。买特价产品的人，不要发正价信息。

价格型顾客买什么产品？

特价产品。有特价信息，你就通知他们。

附加价值型顾客买什么产品？

买要送东西的产品。不送东西，他们就不买。有买赠活动，你就通知。

复合型顾客是前面三种顾客的组合。

最难缠的是最后这类顾客。他们会问："能不能打折？"

你说："可以，打9折。"

他还不满足："打折的同时，能不能送点东西？"

你说："送你一条围巾吧。"

他说："围巾多少钱？"

你说："38元钱。"

他怎么说？

"算了，围巾我不要了，把38元钱折到货品里去吧。"

这种顾客就是前三种顾客的组合，什么时候有活动都可以通知他们。

把顾客分类以后，再按照不同的策略跟进，基本就可以把顾客全部搞定。

·让客户感到"我不一样"

※ 照片不能少

在上面的客户档案中，有一项非常重要，就是照片。为什么要照片？

因为顾客太多了。没有照片记不住。

在微信上你千万不要问我："郜老师，你还记得我吗？"这个问题难度太大了。

上次一个人还跟我说："郜老师，你记得我吗，我在微信群里加你微信了。"

我说："真的不记得。"

他说："太伤心了。"

你的顾客也是一样。一进店，你感觉似曾相识。但是就想不起来她的名字。

顾客进店问："哎，那个小王呢？"

你说："小王今天休息。"

顾客说："等她上班，我再来。"

结果顾客出了门，就去对手那里买东西了。

如果这个顾客有照片，你就会马上认出她。当顾客找的导购不在时，你可以说："今天小王休息，她交代我来接待您，请问您是张姐吗？"

顾客说："是的。"

顾客还走吗？

她就不走了。

所以，A类顾客必须有照片。整个店的人都要记得A类顾客的名字、照片，否则你家就可能失去这个顾客。

※ 让顾客感觉不一样

现在不管出差，还是全家旅游，我都会选择住某个酒店，为什么住他们家酒店？

服务特别好。

我第一次去上海，主办方定在这个酒店开会。开了7天店长特训会，主办方就走了，跟我说："邰老师，明天没时间送你，我们已经跟酒店打了招呼，明天早上有人送你去机场。"

我说："好的。"

第二天，酒店安排车送我到虹桥机场。司机跟我说："邰老师，只要你下次再来上海，我们免费接送。"

我说："服务这么好。"

他说："是的，因为你是我们家最高级别的 VIP。"

半年后，因为业务关系我又去上海，于是通知酒店来接我。酒店说："好，我们会关注您的航班，安排司机准时接您。"

下了飞机，司机把我送到酒店门口，跟我说："邰老师，您可以选择在我们酒店住，也可以选择在别的酒店住。如果您想住别的酒店，我带您过去讲好价格，这样比较便宜，因为我们是同行，知道同行底价是多少。"

如果是你，你住谁家？

我说："还是住你家吧。"

服务这么好，你都不好意思说住别人家了。

到了前台，前台跟我说："邰老师，自从您打电话过来，我就把您上次住的那个房间留到现在，如果您愿意，还住那个房间，如果不要，可以选别的房间。"

你要不要？

我说："就住那间吧。"

她接着说："上次您入住期间，我们每次收拾房间都能看见您买的面包、水果和奶昔，这次您来之前，我们已经备好了这些东西，您要的话，我们就送上去，不要也没关系，都是免费的。"

你要不要？

我说："要。"

办完入住手续，一个服务生帮我按电梯。出了电梯，一个扫地的阿姨看到我说："邰老师，您来了。"

我很惊讶地看着她说："是的。"

她说："右手边 608 就是您的房间。"

我进了房间，打开电视，屏幕上有一行字"欢迎邰老师入住本酒店"，床头柜上还有一封感谢信，里面写着："邰老师，我记得去年的某月某日您入住本酒店。"

用心不用心？

太用心了。

上次去丽江，带着我的两个小孩。后来从丽江到了大理，刚进大理酒店，酒店的前台就把公仔给我的两个儿子，还问："这是谁谁吗，这是谁谁吗？"

人家把两个孩子的名字都搞清楚了。我心想："孩子比客户还客户。"

服务好不好？

好。在终端实体店，大V一定要重点去服务。让顾客感觉到：我确实是与众不同。其实不在于提供的服务价值多少，而是要让顾客感觉心里舒服。

突发事件处理能力

·站在客户的角度

突发事件发生时，顾客通常情绪比较激动。这个时候，门店工作人员会说："你先不要激动。"顾客怎么说？

"我能不激动吗？"

如果工作人员说："如果我是你，我比你还生气。"人家气就消一半了。所以安抚客人，要站在谁的角度？

顾客的角度。但是很多人做不到。

·突发事件处理要求

专业化——由受过突发事件训练的人员处理；

标准化——按照公司的统一原则及流程处理；

分级化——日常突发事件由店铺及时处理和上报，及时得到支持；

系统化——建立突发事件案例收集分享制度，"前人种树，后人乘凉"，在经验中学习成长。

·突发事件处理基本原则

以"顾客是上帝"的精神，力求圆满解决顾客的抱怨，最大限度争取消费者的满意；

处理需要及时和快捷，方可取得主动权；

注重处理的技巧和方式，使大事化小、小事化无，最低限度降低负面影响；

遵守法律，勇于承担应有的责任，同时捍卫我们应有的权利；

加强专业训练、设备保养，完善突发事件措施及规范，把防患于未然作为突发事件处理的第一原则；

建立良好的关系，如政府、派出所、消费者协会等。

·突发事件处理指导思路

诚恳良好的态度及沟通是解决问题的基础；

第一时间有效处理是把突发事件转换成满意的关键；

老板、主人翁的意识是面对和解决突发事件的前提；

自信、成熟、专业的心态是妥善处理突发事件的根本；

团队合作为店铺处理突发事件出谋划策。

·案例 1：产品质量投诉

事情经过（之一）

顾客张女士昨天购买了衣服，在穿着时由于材质导致皮肤过敏，拿着衣服回来投诉，而且当着其他顾客面大声诉说，要求退掉衣服款并提出赔偿1000 元。

※ 产品质量投诉处理要点

当班的资深管理人员立即处理；

真诚对造成顾客的不便致歉，并表示关心。邀请顾客到办公室或柜台诚意解决；

询问顾客皮肤是否还有不适现象；如顾客身体不适，可陪同就医，并支付合理的挂号费、检查费、药费，按公司审批权限逐级上报，同时报备区域经理；

仔细检查衣服材料，了解过敏产生的原因，尽量及时取得有利证据，记录原材料的生产批号；

当顾客要求答复过敏起因时，可回复原因有待进一步调查，不要以顾客的意见为导向明确责任归属；

同意退回顾客的衣服款项，并在公司规定的权限内做出赔偿的回复；

如顾客仍不满意，建议去消协报备调解，同时了解顾客期望的赔偿金额后报上级主管。

客人要求对产品质量导致后果做出书面证明。

店铺可以答复：

A. 作为一个有着良好信誉的企业，我们之间可以随时针对此事进行沟通，我们对顾客非常信任，正是因为相互信任才是解决问题的前提。当然我们也很乐意给您出具发票及购物清单。

B. 委婉告知顾客我们没有义务出具书面证明，而且产品质量原因也未完全清楚，请顾客给予谅解。表明我们乐于提供发票并在发票后面注明购买内容。

C. 必要时可建议共同请消协参与见证。

顾客提出赔偿过高，还提出精神损失费，店铺怎么处理？

店铺可以答复：

A. 您要求的赔偿金额和我们提出的有较大差距，这是很正常的事情。或者我们可以先咨询一下消协意见后再协商。

B. 我想，给您带来的不便我们确实感到遗憾和抱歉，在此我代表店铺再次向您表示歉意。我也了解您对此事很有解决的诚意，我们也真诚希望可以与您协商解决问题。我们还是站在更现实的角度看待和解决这个问题，更有利于事情的解决。我想您也了解目前国内法律对精神赔偿有着相当严格的限定。所以，我还是建议您考虑一下我提出的方案。

事情经过（之二）

顾客张女士对店铺的处理方式不满意，当场打电话到工商局及晚报新闻热线投诉。工商局派出两名监督员赶到店铺,晚报记者同时到达店铺要求采访。店铺应如何接待政府工作人员及记者的来访?

店铺如何应对政府人员的检查:

1. 保持冷静、友善、乐于配合的态度;

2. 确认身份，可以委婉告之为明确了解检查范围，便于以后保持联络，请检查人员出示身份证明并记住他们的姓名、电话、单位;

3. 立即报备主管及公司相关部门，获得指引;

4. 避免让对方过久地等候，提供简单茶水争取沟通时间，但尽量不要阻拦对方执行公务;

5. 在权限范围内尽可能配合对方提出的立刻改善的要求。

店铺如何面对媒体采访:

1. 礼貌接待，提供简单茶水;

2. 礼貌对答，了解采访者的身份、采访目的和顾客投诉的内容;

3 礼貌地征询媒体的联系资料（名片）;

4. 告知记者"非常感谢您对公司的关注，我公司有专人负责记者采访事宜，我会尽快报备给此事的负责人，他会尽快与您取得联系，并给您做好相关的解释工作";

5. 不该多说的话，请一定不要多说一句;

6. 立即报备主管及公共事务部，取得指导，以便公关经理及时回复，必要时由公共事务部到店铺解决。

·案例2：顾客被盗

事情经过

顾客王先生在购买衣服时，手提包不翼而飞，王先生要求店铺赔偿。

顾客被盗处理要点。

1. 立即了解情况，向顾客表示同情和高度关切；

2. 征得顾客同意后，拨打派出所或110报警；

3. 争求证人，必要时留下证人笔录；

4. 提醒及协助顾客挂失银行卡，配合公安部门调查；

5. 如果顾客无钱回家或打电话，应尽力资助，帮助其打电话联络亲友；

6. 当顾客要求赔偿时，婉转表明作为经营者我们已尽到提醒及协助报警的义务，因小偷是直接的侵权人，所以店铺无法承担赔偿责任；

7. 如顾客仍不满意，建议其到消协备案调解，请顾客留下电话，详细记录事件发生经过。

顾客在店铺被盗后要求赔偿如何处理。

店铺可以回答：

A. 您在店铺失窃，店铺感到非常遗憾，我们不愿看到来我们店铺的顾客发生不愉快的事。但店铺作为公共场所，已在明显处张贴注意事项，提醒顾客保管好自己的财物。

B. 我们愿意为您报警并提供协助，但无法判断您所丢失的财物，让我们共同请消费者协会调解吧。

相关法理知识

《中华人民共和国消费者权益保护法》第七条：消费者在购买、使用商品和接受服务时享有人身、财产安全不受损害的权利。消费者有权要求经营者提供的商品和服务，符合保障人身、财产安全的要求。

第十一条：消费者因购买、使用商品或者接受服务受到人身、财产损害的，享有依法获得赔偿的权利。

·案例3：顾客受伤

事情经过

顾客李生在店铺购买衣服时，不小心滑倒受伤，要求店铺承担赔偿责任。

当服务、设备、设施等缺陷导致顾客意外伤害时：

1. 了解事情经过及顾客的受伤情况；争求证人，必要时留下笔录；

2. 第一时间陪同顾客就医，了解医生诊断情况，支付合理的挂号费、检查费、药费等（按公司审批权限逐级上报，同时报备营运经理）；

3. 帮助顾客联络家属；

4. 不要与顾客讨论责任归属问题，诚恳地告诉顾客我们是讲信誉的企业，一定会承担应有的责任；

5. 如顾客仍不满意，了解顾客期望的赔偿金额后报主管；

6. 重大伤害事故第一时间报备主管。

·案例4：顾客偷窃财物

事情经过

店铺经理在值班过程中，发现一位女顾客在试衣服时有偷窃行为，如何处理？

顾客偷窃财物处理要点：

1. 及时制止，低调提醒顾客维护自尊，以顾客交出财物、避免公司损失为出发点，大事化小事、小事化无；

2. 引导顾客到柜台或办公室处理，低调沟通；

3. 处理过程必须全程有员工陪同，以作为第三方证明；

4. 调用摄像头等工具取得证据；

5. 如有可能争取其他顾客作为证人；

6. 遇到顾客过激的反应或拒绝承认的，可报警或找物业保安处理，必须保留证据。

·案例5：动物或异物闯入店铺

事情经过

店铺正在营业，突然一只老鼠闯入店铺，引起顾客恐慌，老鼠躲在衣柜的后面，店铺如何处理？

动物或异物闯入店铺处理要点：

1. 控制现场，引导顾客不要恐慌，远离老鼠所处的区域；

2. 封锁老鼠所在的区域，安排员工值班，避免老鼠乱窜；

3. 必要时，员工引导已经交款和正在选购的顾客走出店铺，稍等片刻马上处理；

4. 把店铺暂时关闭，组织员工捕杀或赶跑老鼠；

5. 处理完毕重新开店，迎接顾客。

·案例6：店铺火灾等灾害

事情经过

店铺正在营业中，突然电箱短路引起电线冒烟着火，店铺如何处理？

店铺火灾等预防和处理要点：

1. 定期组织店铺的消防演练，每个员工要懂得如何使用灭火器和防毒面具，知道电房开关位置、灭火器放置位置；

2.店铺制定紧急疏散路线图，确保每个员工懂得并组织紧急情况疏散演练，指定紧急集合地点；

3.定期维护电路检修，避免和杜绝隐患；

4.确保摆放数量合理的灭火器，每月定期检查灭火器是否可以正常使用；

5.电房和消防通道不能摆放杂物；

6.火灾发生时第一时间关闭电源，使用灭火器扑灭火焰；

7.如果两分钟无法扑灭火焰，马上组织疏散并拨打119报警，清晰报出自己的姓名、着火地点；

8.第一时间确保顾客疏散，组织员工疏散，到指定地点集合清点人数；

9.组织员工在路口等待和引领消防车到达现场，介绍店铺的结构。火灾处理的原则是确保无人伤亡。

·案例7：店铺遭受抢劫

事情经过

店铺正在营业，突然闯进两名蒙面贼，抢劫收银款和衣服。

店铺遭受抢劫处理要点：

1.原则上反抗，不搏斗，以"保护员工安全"为原则；

2.巧妙与劫匪周旋，避免激发劫匪的情绪；

3.迅速判断，在力所能及的情况下采取行动；

4.记住劫匪的外部特征，以便事后协助警方破案；

5.在安全的前提下迅速打110报警，取得警方的支持；

6.保留现场，没有警方的允许不能清理现场。

·突发事件处理分享

打开门做生意，店铺营运是动态的，突发事件是肯定会发生的；

店铺处理突发事件的第一负责人是店经理，躲也躲不了；

处理突发事件是店经理必须具备的能力；

处理突发事件学习是基础，需要通过实践积累提高；

及时上报取得支持，最大限度争取公司资源的协助；

一定记录处理的经过，以报告的形势留底，作为追踪依据和案例分享。

第六章

门店人才等级认证测评

以能力为导向的四级人才测评工具

在胜任力模型系统中，每一胜任力特征均分为 3 ~ 5 个等级（本项目界定为 4 个等级），各等级的行为描述如下表所示。

表 6-1　人才测评表

第一级	第二级	第三级	第四级
责任感：指个人对自己、他人、集体、国家所负责任的认识、情感和信念，以及与之相应的遵守规范、承担责任和履行义务的自觉态度而产生的情绪体验。			
工作的完成情况以上班时间为界，对未完成的工作拖拉、找借口。	对待工作认真负责，尽量在规定时间内保质保量完成。	合理安排并规划自己的工作，对于未完成的任务勇于承担责任，并主动解决、落实。对于计划或要求内的工作少有未完成现象。	以公司为家，事业心较重，对于自己、部门的工作，甚至公司未来的发展方向等问题主动思考，并以此为己任，感到自己身负责任重大。
积极性：指个人对待工作或任务时表现出的一种意愿态度或程度。			
工作等待领导安排，时常出现消极怠工的情绪化表现。	工作认真，态度中肯，较少将个人情绪带入工作中，对于分内之事按要求完成，对于其他事宜采取袖手旁观的态度。	对于工作充满激情，精力充沛，分内工作完成之余，主动承担其他任务，并尽职尽责、毫无怨言。	对于工作不惜投入较多的时间，善于发现和创造新的机会，提前预计到事件发生的可能性，并有计划地采取行动提高工作绩效。
自我克制：能够在工作环境中约束自己的言行，无须他人监督也能高标准、严格完成工作。			
对于制订的计划，通常因为主观原因不能完成。	在工作场合中，能够遵守公司的规章秩序，但偶尔会出现情绪化表现。	对自己要求较高，并努力达到公司及个人设定的标准，注意个人的言行举止，尽力避免将情绪带入工作中。	控制自己情绪的能力较强，在职场中通常能够冷静、理性地处理问题，无须他人监督也能高质量完成工作。

（续表 6-1）

第一级	第二级	第三级	第四级
执行力：指把想干的事干成功的能力。			
做事缓慢、不能在预定时间内完成工作，处理紧急问题显得力不从心。	行动有条不紊，能够按制度、规定处理问题，但与预期成效尚存在差距。	能够按照领导的意图将工作落实到位，并将出现的问题及结果及时向上级反馈。	对于任务执行过程中出现的障碍能够积极克服，并最终将工作完满执行落实下去。
监督能力：指依据既定的行为规范实施监察督促的能力。			
对于公司既定的制度、规定个人努力遵守，但对他人的违规行为漠视，任其发展。	时常提醒个人及他人遵守公司相关规定，对于出现的情况能够事后指出，不做严格处理。	发现问题的意识较强，能够胜任其监督职能，观察力较强，能够及时指出问题，并贯彻执行相应的法规，倾向于警戒强化作用。	随时寻找可能出现的问题，并及时反馈，通过客观合理的分析协助解决问题，并经常向其他员工宣传，提倡发现问题、解决问题的意识。
倾听能力：指听者理解言者口语表达的信息和能在头脑中将语言转换成意义的一种能力。			
在与他人沟通时经常不能集中精力，不能按照言者的思路考虑问题。	个人言语较少，习惯于接受他人传达的信息，并能够正确的理解。	亲和力较强，他人愿意与之沟通，通常能够换位思考，设身处地为他人着想。	掌握一定的倾听技巧，对于言者的倾诉能够做出合理的反应，并给出合理的意见与建议。
表达能力：运用适当的文法和词汇，结合身体语言，有效地表达自我。			
保持正常的语言沟通，能够将个人的想法传达给听者。	语言表达较清晰，词汇运用恰当贴切，能够使他人正确地领会其想法。	语言掌控能力较强，词语运用灵活、丰富，能够适当结合身体语言使他人更好地理解其意图，并可在短时间内将问题说明清楚。	掌握适当的表达技巧与文法，能够根据不同的场合，合理组织言语，有效表达自我，同时令听者心服口服，并赞叹其语言魅力。
说服力：善用人际沟通技巧，使其构想、计划、产品和服务等获得肯定与接受。			
具有个人的想法，虽然客观合理，但难以使他人接受并认可。	在旁人支持或观点正确的情况下，能够恰当表达观点，并使他人明白、接受、肯定。	思路较清晰，乐于与他人辩论，喜好旁征博引，并竭力使他人信服自己的观点，同时以此为傲。	熟练掌握沟通说服技巧，容易使他人接受其观点，即使观点不正确、不合理，仍然可以引导他人按照自己的逻辑思考问题。

（续表 6-1）

第一级	第二级	第三级	第四级
演讲能力：面对团队，能够运用适当的口头语言、身体姿态及辅助视听器材，有效地传达信息。			
性格内向、腼腆，在众人面前讲话紧张，不能清楚地说明观点。	当众发言较紧张，语速不同于日常，但仍能保持思路清晰，并将预备的信息有效传达出去。	面对团队表情镇定，语速正常，能够克服自己的紧张情绪，努力营造出轻松、自在的演讲氛围。	语言具有号召力、鼓动性，能够自如地运用演讲技巧调动听众的情绪，达到演讲的目的。
谈判能力：指在各类合作中，为使双方意见趋于一致而进行的洽谈磋商的能力。			
与他人交涉中，时常处于弱势，较少促成使其利益最大化的合作意向。	具有较好的理性思维，在谈判中，运用个人智慧使他人接受其条件，达成双赢的合作意向。	懂得借用团队的力量与智慧，设计谈判内容，在交涉过程中，处于掌控地位。	灵活运用谈判技巧，在难度较大的情况下，仍能使其利益最大化，并保持双方友好合作的关系。
团队合作：建立、维护并运用高效的团队，使团队绩效表现最大化，并实现公司的目标。			
强调个人工作的重要性，倾向于独立作业，不善于与他人分享信息。	显示出对团队成员的尊重，能合群，努力使自己融入团队中，并在团队决策中提出自己的意见和建议，做好分内事外，用实际行动支持团队的决定。	指导并协助其他成员的工作，对其能力和贡献表现出积极的态度。鼓励他人参与团队讨论，服从团队的决定，并努力协调各成员实现内部合作的目标。	善于化解团队的冲突，维护和加强团队的声誉，具有个人魅力，能够指出团队激动人心的发展方向和目标，并激励团队成员为之奋斗。
人际理解力：善于与不同类型、层次的人友好相处，积极主动地发展人与人之间的关系。			
不懂得处理人际关系时因势利导的原则，对人的观察研究不足，难以运用技巧协调各方面关系。	平常情形下，能够以适度的方式使他人接受意见，按意图从事。如果时间紧或情况特殊，往往会做出不当的人际处理决定。	在人际关系处理中善于把握分寸，能够轻易与各种类型、层次的人友好相处，并赢得他人的褒奖。	不是靠盲目的鼓励，或不容分说的手段来解决问题，而是长于以情动人，以理服人，用高超的技巧来使目的得以实现。

（续表6-1）

第一级	第二级	第三级	第四级
亲和力：指人与人相处时所表现的亲近行为的动力水平和能力。			
寡言少语，不善言谈，行为拘谨，习惯与人保持距离。	与他人保持正常的交际，不亲近也不疏远，立于人际是非之外。	态度和蔼，表情平和，使他人易于亲近，并能够激发他人倾诉的欲望，与之保持密切的友好关系。	与人交往轻松自在，对人对事富于情感，善于化干戈为玉帛，并能赢得多数人信任与好感。
影响力：用一种为别人所乐于接受的方式，改变他人思想和行动的能力。			
按个人意图行事，对他人不构成任何影响。	通过交流与沟通，能够促使他人按照自己选择的更好的方法或程序处理问题。	在一定范围内成为大家学习的榜样，其观念与建议受到严肃重视，在无形中使他人乐于接受其思想。	在任何环境中，其言行举止对他人具有强烈的影响，并成为拥护、追随的对象，能够轻易地改变他人的思想和行动。
决策力：具有战略眼光和客观思维能力，掌握各种方法及时做出决定，并勇于承担责任。			
不能在既定的要求下做出决策。	能识别机会，评估困难程度，利用一定的方法在一定的时限内做出决策。	在决策前尽量从组织内外获取相关信息，并清楚地了解决策程序，能评估各类解决方案对组织的风险和收益并确定备选方案。	在复杂的环境中，在对机会和潜在风险做出战略评估的基础上做出决策，能回顾过去的经验并衡量各种备选方案的正负影响，明确组织发展方向，做出对组织利益最大、风险最低的决策，始终将决策与组织的长远发展结合起来。
计划能力：指在动员工作或活动以前预先拟定具体内容和步骤的能力。			
在工作过程中，时常处于忙碌的状态，感到时间紧迫，不够用，而手头的事务繁杂无序。	工作遵照事先计划执行，但在过程中时常遇到计划外事务或问题。	对于未来工作习惯于事先拟定具体内容及步骤，并预计可能出现的问题。	擅长从事规划工作，并将细节罗列其中，对于未来可能遇到的问题了然于胸，并已预备了充足的应对措施

（续表 6-1）

第一级	第二级	第三级	第四级
组织协调能力：指为了达成所指明的方向而调动、协调各类资源的能力。			
个人工作能较好地完成，但不善于整合资源，合力达成目标。	能够明确完成目标所需要的资源，但统一调配的能力欠缺，须得到更高层的支持与协助才能持续实施计划。	能够整合需要的资源，创造必要的条件，组织相关人员完成工作任务。	擅长于调动其他成员的工作积极性，将一项任务合理分派给相应的胜任人员，并组织任务团队齐心合力地实现预定目标。
成就导向：指个人具有成功完成任务或在工作中追求卓越的愿望。			
工作目标不清晰，安于现状，不追求进步。	渴望成功并得到他人的认可，但成就意识不迫切，对事对物更愿意顺其自然发展。	在工作中积极的追求更大的成就，为自己设定富有挑战性的目标，并努力寻找实现目标的路径，愿意为此付出辛苦。	希望出色地完成上级布置的任务，在工作中极力达到某种标准，愿意承担重要的且具有挑战性的任务，在工作中有强烈表现自己能力的愿望，不断地为自己设立更高的标准从而追求事业上的进步。
时间管理：指个人在一定时间内，善于利用和开发自己时间资源，全力于自己的目标奋斗，使自己的成就达到最大。			
做事随性，不注重时间管理。	具有时间管理意识，时常安排个人的时间，并遵照执行。	时间观念较强，能够合理分配时间，并根据事件的重要程度、紧迫性安排进程，能够有效控制时间、精力的浪费现象。	对于需处理的问题进行合理分析，将不重要的工作安排给合适的人员完成，使自己多从事能发挥最大效益的事情。
有效授权：合理地将工作分配给下属，并进行适当的指导和跟进工作。			
凡事亲力亲为，或对分配的事宜甚少过问。	倾向于将繁杂的工作分配给下属完成，对于执行中出现的问题协助解决并给予指导。	有计划地将工作分配给相关人员，并给予适当的指示，在工作进展过程中定期询问、督察。	对于下属的工作能力非常了解，并以此为依据合理分配工作，并定期检查、督促，给予有效指示。

173

（续表 6-1）

第一级	第二级	第三级	第四级
观察力：指通过观察、感觉和知觉，使自己同外部世界联系起来而认识客观世界的能力。			
对事物、问题发现力不足，需要他人提示才能认知。	对于明显的问题较易感知。	目光敏锐，对于细小问题也能引起注意。	能发现别人从未注意过的问题。
判断力：根据有限的信息，做出合理推断的能力。			
分辨能力不强，不能依据情况做出合理的推断。	在信息充足的情况下能够得出常规性的推断。	判断的准确与合理完全依赖于信息的掌握情况。	具有判断事物的思维框架，即使信息有限，仍能做出合理的推论。
分析能力：指在信息不完全以及不确定的情况下发现问题、分析问题和解决问题的能力。			
不能准确地考虑事物发生的原因，或不能依据经验做出正确的判断。	将复杂的问题分解为不同的部分，使之容易把握，根据经验与常识发现问题的本质。	发现事件多种可能的原因和行为的不同后果，或找出复杂事物间的联系。	恰当运用自己的概念、方法、技术等多种手段找出最根本的原因。
演绎思维力：指在理解问题时将其分拆成更小的部分，通过一步一步的符合逻辑的演绎，排除不相关的资料，找出事物发生的前因后果的能力。			
不能将问题分解，并循序渐进地进行推论。	具备一定的逻辑思维能力，能够将问题不断引申。	能够排除不相关的信息，对问题层层剖析，不断延伸，直至发现真相。	对问题迅速地进行拆解，运用严密的逻辑推理方法有效地找出问题的前因后果。
归纳思维力：指运用已有的概念和理论做归纳性的分析和总结的能力。			
不能将繁杂的信息有效地整合、提炼。	能够分辨有用与无用的信息，排除干扰，进行分析与总结。	能够在大量信息中分析总结出核心内容。	恰当运用已有的概念、理论等多种手段分辨并提炼出事物的本质。
创新力：寻找创新方式，提高工作效率，并对现有的系统不断提出质疑和进行改进。			
缺少灵活思维，在工作中较少发挥创造性的价值。	习惯运用现有的方法与步骤思考处理问题。	具有创新意识，努力并积极地寻找能够指导实践的新技术、新方式、新方法。	想象力丰富，能够灵活深刻地思考，又能有条不紊地思考，并对思考结果加以运用，指导实践，提高工作效率，创造价值。

（续表 6-1）

第一级	第二级	第三级	第四级
应变力：指根据不同情况做非原则性变动的能力。			
在突发事件面前束手无策。	在突发事件面前应变处理问题稍显迟钝，倘若时间紧急，经常做出不适当的决定。	在突发情况下，能够在适当的时间内采取有效措施，阻止问题的扩大化发展。	在任何情况下均能从实际出发迅速做出适当的决定，有效合理地解决、处理问题。
客户服务意识：指自觉主动做好服务工作的一种观念和愿望。			
对待客户不够重视，以自己的喜好或情绪决定态度。	在正常的工作环节中能够依照客户的要求处理问题。	对待客户友好、友善，始终坚持客户至上的理念，将服务看作是自己神圣的职责，并以此工作为傲。	主动、友好地协助客户处理问题，习惯站在客户的角度思考问题，甚至考虑的周到性高于客户的期望。
成本控制意识：指具有节约成本与控制成本的观念，努力使成本降低到最低水平并设法使其保持在最低水平。			
成本概念较淡薄，随意消费。	认为成本是可以控制的，但主要是成本控制部门的事情。	个人行为中注重节约，在工作中时刻注意节约成本和深入挖掘降低成本的各种潜能。	具有节约、控制成本的观念，倡导全员共同参与。积极思考降低成本的各项具体措施和方法，并尽力贯彻执行和应用。
培养人才：经常为下属提供有建设性的反馈意见，激励其改进工作方法以使其迅速实现职业发展。			
对于下属的工作不做建设性的指示，不提供让其成长的工作机会。	给予下属较多的工作机会，但分配的任务更多的是事务性的处理，没有结合其未来发展方向进行有效的引导。	注重下属的能力提升，并给予其施展、改善的机会，及时给予意见与建议。	将培养下属作为自己的一项重要任务，经常与下属当面探讨其发展方向，以及目标达成的手段。

175

以绩效考核为导向的人才测评工具

表6-2 店员绩效考核表

被考评人:		部门:		岗位:店员			考评期间: 年 月		
工作类别100%	考核项目	考核项目达标结果	计划完成时间	指标权重	实际完成情况	实际完成时间	上级考评(YES/NO)	得分
销售额	个人销售额达成率,个人销售任务35000元	120%≤销售任务达成率 30分 100%≤销售任务达率<120% 20分 80%≤销售任务达成率<100% 10分 销售任务达成率<80% 0分	31日前	25%				30
业务知识培训及考核	每周参加一次对练考核,考核分数80分以上	80分以上 30分 60~80分 15分 低于60分 0分	每周	20%				30
工作总结及计划(任务达成的方法)	每月25日前提交次月计划,每月3日前提交上月工作总结	准时提交月度工作计划或总结 10分 迟交月度工作计划或总结 5分 未交月度工作计划或总结 0分	计划25日前和总结3日前	20%				10
客户关系及维护	与客户联系的紧密度及跟踪客户具体情况	客户联系及跟踪较好,并不断增加新客户,客户档案分析表填写完整 30分 客户联系及跟踪较好,有增加新客户,客户档案分析表填写不详细 15分 客户联系及跟踪较少,客户档案分析表填写不完整 0分	随时	15%				30
遵守各项规章制度	按时上下班,商场清洁工作、着装符合公司要求	完全达到 10分 不合格次数累计3次 5分 不合格次数累计4次 0分	31日前	20%				10

（续表 6-2）

考核指标及达成结果确认：	绩效得分：	
被考评人：	被考评人：	绩效面谈记录
直接上级：	直接上级：	
人力资源部：	隔级上级：	

填写说明：	各项操作说明：
1. 工作模块：根据本岗位工作内容所划分的各个业务模块	1. 销售额制定：个人销售额制定依据，是根据近期 3 个月数据与前一个月销售额做平均数为基础，每月制定的业绩不得低于此平均数，另未转正员工业绩报数不得低于 2 万元，转正员工报数不得低于 3.5 万元；销售占比指标权重不得低于 25%
2. 考核项目：考核项目根据公司战略发展目标逐层分解及本职工作中，重要、关键的工作，考核项目最多 5 个	2. 业务知识培训及考核：由店面提供培训内容，人力资源部进行抽查，如提问十个问题，每答对一个为 20 分，每月考核 1～2 次；内容也会包括公司文化和制度
3. 考核指标达标结果：结果必须量化，即：具体的、可衡量、可达到、可实现，有时间要求	3. 工作总结及计划（任务达成的方法）：准时提交工作计划和工作总结，但原定计划未完成的，如计划 5 项，但还有 2 项未完成，则是 40% 的工作未完成，该项需扣除 4 分
4. 指标权重：根据工作重要、关键设置百分比	
5. 完成情况：每月度末，根据工作实际完成情况如实填写	4. 客户关系及维护：店铺员工每人每月需提交 20 个有效客户的完整资料（客户姓名、性别、电话、购买货品、送货地址，未成交的客户该项可以忽略）到人力部
6. 上级考评：根据工作完成情况，完成评 YES，未完成评 NO	5. 遵守各项规章制度：按时上下班（考勤管理制度）、商场清洁工作（店面卫生管理）、着装符合公司要求（员工着装要求）
7. 得分：考评分由直接上级和隔级上级确认，考核项目得分与指标权重相乘后，计算所得最终分值	
8. 填写人：	
1) 经理 / 店长以上级别：根据公司发展战略本人填写，总经理 / 副总经理确认。最终双方确认	
2) 基层人员：本人填写，部门负责人确认。最终双方确认	
9. 门店、项目拓展部必须有月度销售任务指标	

表6-3 专业店长资格等级认证表

部门：	店铺：	店长：	月份：　年　月

项目类别	检查事项	检查内容/专项	评估结果/得分	评估理由/整改意见	评估人
销售考核	月度任务完成率（10分）	店铺完成月度指标0~59%得0分，完成月度指标60%~79%得4分，能完成月度指标80%~99%得8分，完成月度指标100%及以上得10分			
人员管理	员工精神面貌（10分）	仪容、着装、体态：满意10~8分、一般7~5分、不满意4分以下			
	员工销售技能考核（18分）	1、品牌文化（2分）2、货品知识（5分）3、存货尺码（5分）3、促销活动的执行情况（6分）好为17~14分，中为13~10分，差为10分以下			
	考勤与纪律（6分）	店铺员工遵守规章制度、考勤纪律，按时参加公司会议和培训。1人违规1次扣3分，培训或会议缺席1人1次扣3分			
货场管理	店面卫生情况（5分）	卫生检查范围有：橱窗、地板、货架、模特、衣架、更衣室、收银台、仓库等；优良为4~5分、一般为3分、差为3分以下			
	陈列、布局（10分）	按照公司的陈列标准定期调换陈列，合理使用陈列道具，按时上传陈列图片。好为10~8分、中为7~5分、差为5分以下			
	货品存放（5分）	仓库货品归类存放，整洁，便于销售。好为5~4分、中为4~3分、差为2分以下			
服务	顾客接待（10分）	提高店铺员工的待客意识及服务质量。好为8~10分、中为6~8分、差为5分以下			
	VIP的发展及维护（10分）	A\B类店铺发展2人/1分，C类店铺1人/1分，按实际数量计算，A/B类店铺20个以上满分，C类店铺10个以上满分			
信息及数据管理	系统操作（6分）	店铺进、销、存数据的及时跟进，按时完成盘点交结果。盘点结果迟交一天扣2分，有失货扣2分			
	周报/月报/月计划/商场排名/货品调查表等（10分）	每份表格迟交一次扣2分			
合计	100分				

店长确认：	督导意见：	区域经理：	部门总监：

注：评考人为当区督导。月末最后一天店长先自评，由督导评分加意见，提交给当区经理加意见。连续3个月综合评估考核达到优秀，作为晋升及评奖的前提标准。正店长/副店长连续2个月考核不合格者或有明显的工作失误，降级一个级别或决定是否任用。

178

表6-4　督导绩效考核表

区域:			姓名:	年　　月			
考核项目	考核金额 单位（元）	分数	考核内容（评判标准）	得分	奖金	评分理由	考评人
目标 完成率	400	10	完成率≤60%得0分；60%＜完成率≤80% 得6分；80%＜完成率＜100%得8分；完 成率≥100%满分				
消化率	400	10	按照商企部提供的总体消化进度（当/过季）， 落后2个百分点扣1分，落后10个百分点及 以上得0分				
促销活动	200	10	每周对促销活动（常规活动除外）进行小结， 每月总结，下月5号前提交，缺一次扣2分， 缺3次0分，迟交一天扣2分（表格另附）				
店铺管理	200	10	1.正常情况下，对市区店铺每周巡视不少于1 次，郊区店铺每两周不少于1次，少一次扣2 分；特殊情况下须特别跟进（有巡视记录和 当班店员签名），对店铺人员状态、卖场形 象、货品结构进行检查和指导；2.每月不少 于两次店长会，少一次扣2分；根据各店销 售状况到店铺开店会，总结销售、分析原因、 化解问题、部署促销等				
人员管理	200	10	1.做好店铺人员的招聘、培训、考核工作， 若店员经培训考核两次不合格扣1分/人；2.做 好店员的流动管理，若因店员流动或其他原 因造成缺岗扣2分/次；3.若因店铺问题处理 不当引起店员矛盾影响正常营业，扣2分/次				
货品管理	200	10	1.新品上市计划的合理性（2分）；2.根据店 铺的特性合理规划当过季货品比例（3分）； 3.每周进行畅滞销分析，有效调配货品，提 升消化率降低库存（3分）；4.对店铺盘点进 行监盘或抽盘，发现问题及时处理（2分）				
回款 与费用	200	10	1.当月应收期末欠款与问题报表事项（财务 附表），按完成率得分。完成率低于60%为 零分（5分）；2.店铺费用及时清理并控制， 按完成率得分（5分）				
信息管理	200	10	1.店铺周报月报及相关报表的审核分析汇总， 对相应的问题进行研讨提出解决方案（3分） 2.每周每月商场排名情况的收集与分析（2分） 3.竞争品牌的情报收集（2分）；4.后台数据 的分析与执行（3分）				
合计	2000	80					
当月考核内容确认：			区域负责人：	当月考核结果确认：		部门总监：	

表6-5 运营经理绩效考核表

被考核人：	职位：		职级：			所属区域：				
考核人：		考核周期：□月度 □季度 □年度				时间跨度： 年 月 日— 年 月 日				
指标名称	指标定义		评分标准	完成比例	权重	单项得分	总分	绩效工资	实得工资	
任务指标	任务量考核		销售指标：达成所管辖区域的销售任务指标95%～100%得满分；85%～94%得15～24分；75%～84%得10～14分；60～74%得59分；60%以下此项不得分		25.0%		25			
			销售综合指标：所管辖店铺达标率95%～100%得满分；85%～94%得15～24分；75%～84%得10～14分；60%～74%得5～9分；60%以下此项不得分（如：10家店有8家完成销售指标则达标率为80%）		25.0%		25			
	品项达成指标		货品消化率：消化率在95%以上得满分；消化率在90%～94%得15～19分；消化率80%～90%得10～14分；消化率70%～80%得5～10分。按实际比例发放此项工资；低于60%不予得分		20.0%		20			
管理指标	市场管理	价格管控	防止市场砸价，根据公司出台的价格表对市场进行督查，在督查的过程中发现10%的门店价格不符要求，即为价格不达标，此项分数不得分。8%～10%(不含)得4分，5%～7%（不含）得6分		10.0%		10			
		促销管控	要求对公司的政策宣传落实到位。根据市场部促销活动督导结果，一项要求不达标，扣1分。以此类推，最高该项为0分		9.0%		9			
	人员管理	流失率	运营经理所管辖人数流失率3%以下此项满分；流失率4%～10%得3～4分；流失率11%～20%得1～2分；20%以上此项不得分		5.0%		5			
	日常管理	市场走访	每月至少进行6次市场走访，对所辖市场全面了解。每少走一次扣1分。上报走访市场见证性照片及走访报告		3.0%		3			
		日常报表	确保区域销售团队及个人报表的及时性、有效性。延误一天扣2分，无效的报表此项不得分		3.0%		3			
合计：							100			
被考核人签名：		日期：			考核人签名：			日期：		

表 6-6 总监绩效考核表

被考核人		职位		职等			站别	
考核人		考核周期	月度	时间跨度		年 月 日至		年 月 日
考核内容		指标名称	评分标准/计算公式	权重	目标值	实际值	达成率	得分	完成情况说明
	关键工作指标（60%）	毛利率达标	$\dfrac{营业收入-营业成本}{营业收入}\times100\%$	20%	98%				
		费用率达标	$\dfrac{费用额}{收入总额}\times100\%$	15%	98%				
		订销比	$\dfrac{销售}{订货率}\times100\%$	15%	5%				
		合同销售应收款达成率	$\dfrac{实际回收金额}{应收金额}\times100\%$	15%	98%				
	重点工作指标（40%）	网点开发	$\dfrac{实际开发数}{目标数}\times100\%$	15%	100%				
		客户服务意识（顾客满意度）	A.尊重客户（内外部客户） B.善待客户，为客户着想 C.预测、跟进客户需求 D.追求产品品质，服务质量一流，一次到位	10%	100%				
		质量体系不符合事项	每发生一件，扣权重配分的10%	10%	100%				
改善计划		急需改善的事项或指标	存在问题分析	改善见成效时间		改善行动计划及预期效果			

被考核人总体自评：

直属上级评价：

被考核人签名： 日期： 考核人签名： 日期：

181

专业人才资格等级认证流程框架

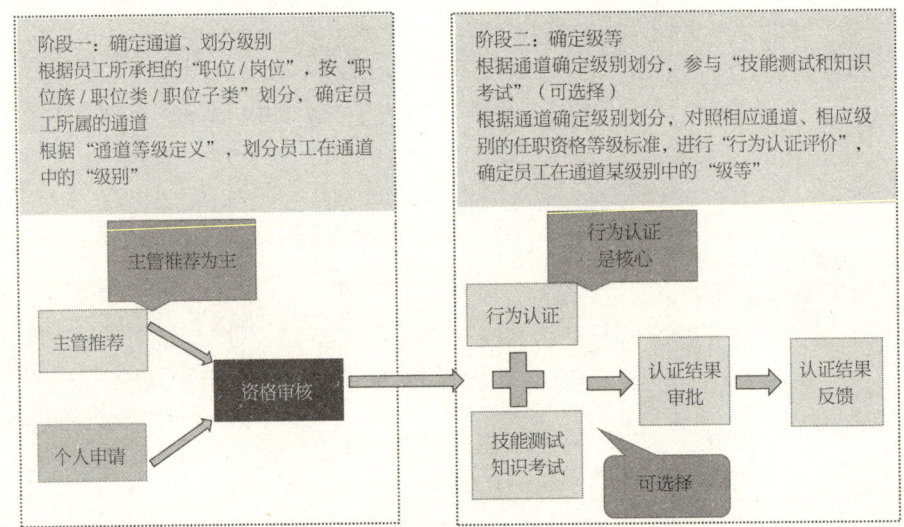

图6-1 专业人才资格等级认证流程框架